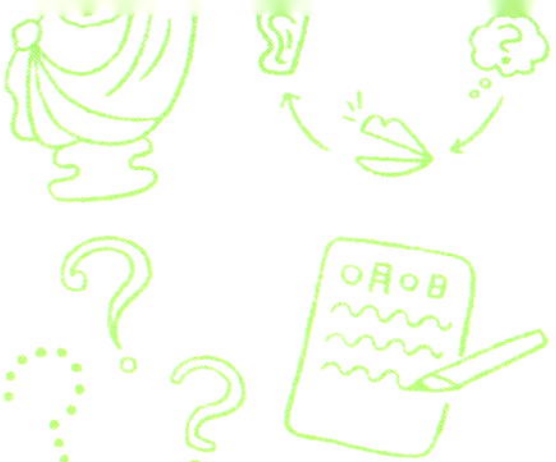

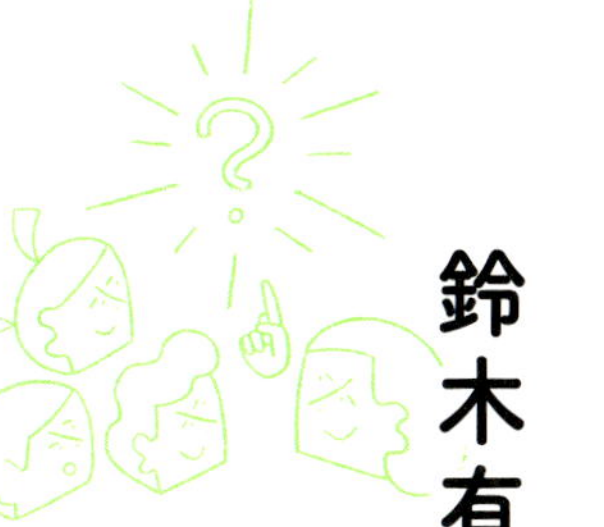

鈴木有紀

教えない授業

美術館発、「正解のない問い」に
挑む力の育て方

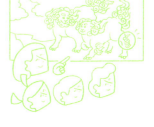

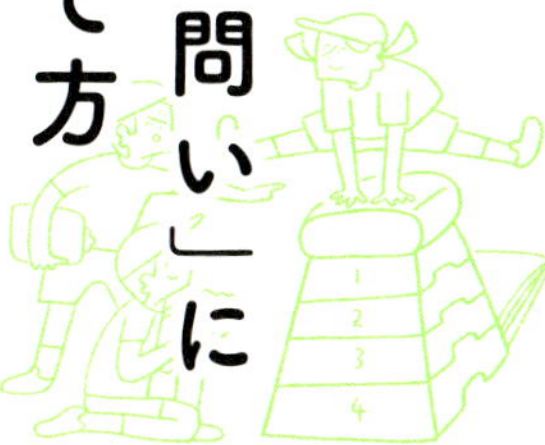

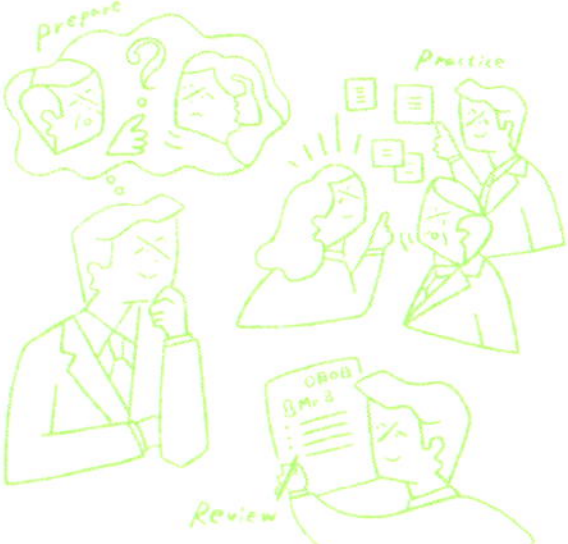

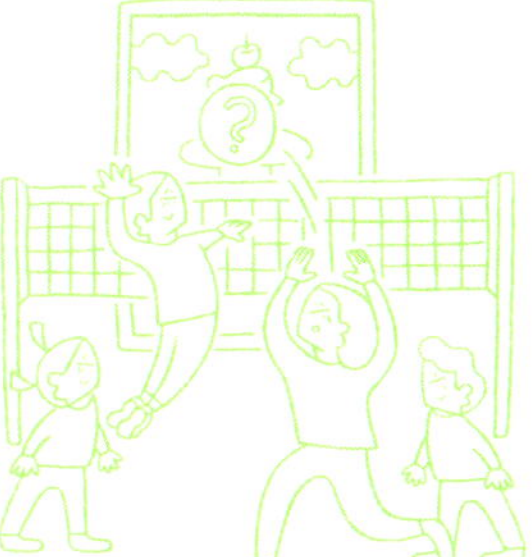

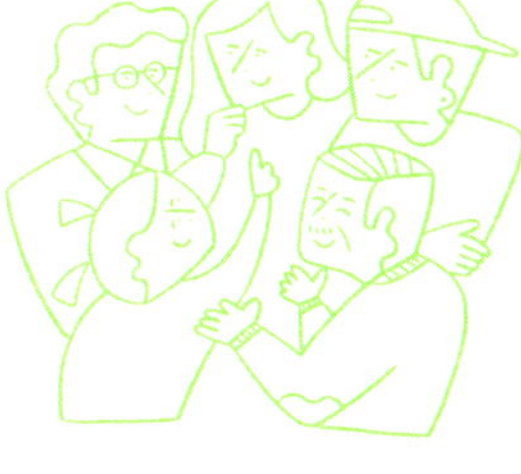

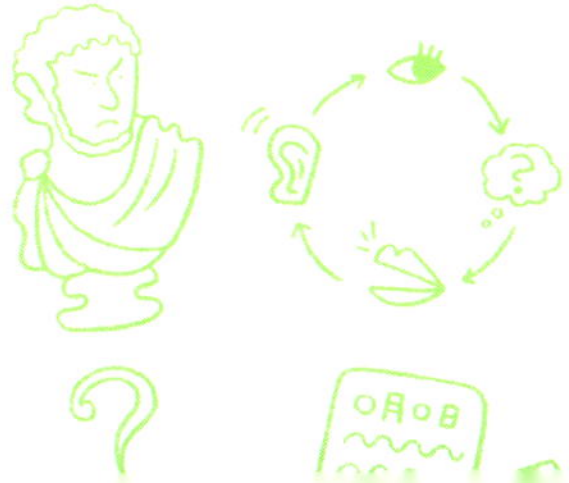

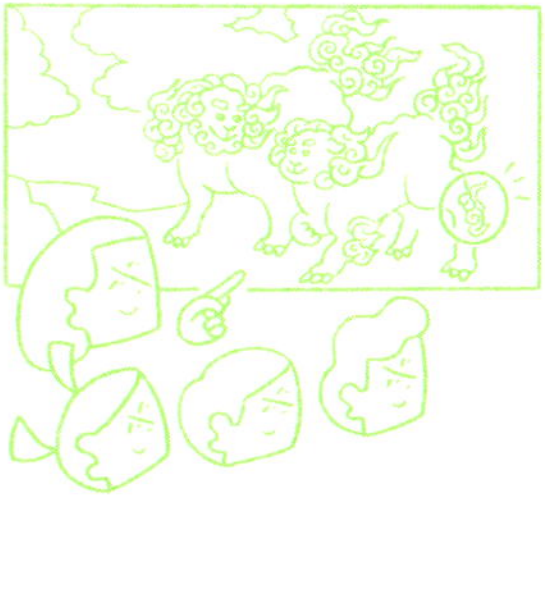

英治出版

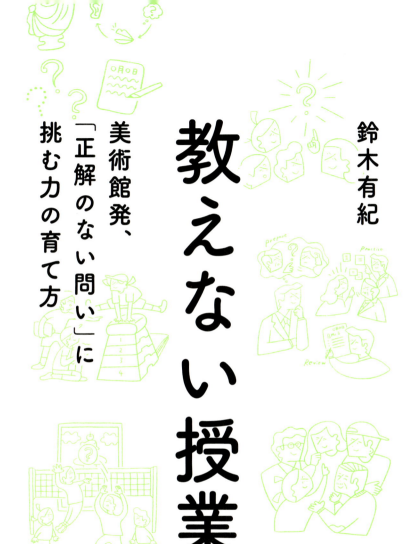

教育とは、空っぽの壺に水を注ぐことではない。
そこにあるもの、すでにあるものに火をつけることだ。

――ウィリアム・バトラー・イェイツ

はじめに――学び方の革命

「A君、最近よく手が挙がるんだよ！　ほかの授業でも！」

二〇一三年の秋、ある小学校の放課後の教室で、ひとりの児童がクラスメートのA君（当時一年生）について、そんな報告をしてくれました。

私が学芸員を務める愛媛県美術館が同校で行った、全十回の「出前授業」。みんなでアート作品をみて、それぞれ気づいたことや考えたことを話し、お互いの意見を聞き合うという、ちょっと変わった授業です。

この授業では、子どもたちは先生から「間違い」や「正解」と言われることはありません。先生は基本的に何も教えません。子どもたちに問いを投げかけ、話を広げていきます。

そんな授業を続けるなかで、A君の様子が変わってきたというのです。

こうした授業は実験的な取り組みなので、検証のために、毎回録画をしていました。そこで全ての録画を見直してみると、五回目まではずっと黙ったままだったA君が、六回目から手を挙げるようになっていました。発言の内容も、最初はぽつりぽつりと単語を口にする感じだったのが、徐々に自分の思いを自分の言葉で伝えようとし始めたのがわかります。

そして回を追うごとに、その手はどんどん真っ直ぐに伸びていったのです。

クラス担任の先生にその話をすると、A君の変化を喜ばれた後、こう言われました。

「実は、一学期が終わったあたりから、この子は学ぶ意欲を失いかけているのではないかと心配していたんです」

教室の雰囲気になじめなかったのか、授業でわからないところがあって取り残されたように感じたのか、学ぶことへの意欲をあまり見せなくなっていたというA君。しかし、アート作品を使った授業が変化のきっかけとなりました。「今ではほかの授業でもどんどん手を挙げています」。先生は心から嬉しそうに語ってくれました。

子どもたちの手がどんどん挙がる

この学校で私たちが実施していたのは、「対話型鑑賞」というプログラムです。これは、美術史等の知識だけに偏らず、自分の気づいたこと、考えたことをグループで話し合いながら、作品への理解を深めていくというものです。ニューヨーク近代美術館で生まれた、現在日本各地の美術館でも人気のプログラムです。

美術館の学芸員として、対話型鑑賞のおもしろさに魅了され、実践してきた私は、二〇一三年から、愛媛県内の小中学校と連携して対話型鑑賞の導入に関わることになりました。

手探りで始めた「実験」的な取り組みでしたが、子どもたちの反応はすばらしいものでした。小学一年生が作品の中にさまざまなことを発見し、そこから自分の力で考えを組み立てていく様子や、三年生がクラスメートの意見にじっくり耳を傾け、それを踏まえて話を広げていく様子。中学生がこの授業で「正解を探すのではなく、自ら問い、考えること」の大切さを学んだと語る姿に、私はたびたび驚かされ、心を打たれてきました。

授業に関わる先生たちは、私よりもさらに子どもたちの成長に驚かれます。「手がどんどん挙がることにびっくりしています」とか「勉強の苦手な子も積極的に発言しています」「自分の頭で考えていると感じます」といった感想を聞くことがとても多いのです。「子どもたちが人の話をよく聞けるようになった」とか、「国語力が伸びた」と語る先生もいます。自分の意見を自分の言葉で語ることが促されるため、言語能力が発達するのです。

授業のなかで起きているのは、アート作品の鑑賞力が培われる、というレベルのものではありません。そこで培われているのは「学ぶ力」「学ぶ意欲」そのものであり、「正解のない問いに向き合う力」や、「異なる意見に耳を傾ける姿勢」が子どもたちの中に芽生え、定着していくのです。こうした力はこれからの時代にますます求められるものだからこそ、学校教育の現場にとどまらず、ビジネス界でも近年、対話型鑑賞を使った人材育成の取り組みが広がり始めています。

年齢や分野を超えて、あらゆる人の「学び」に本質的な変化をもたらす力を、対話型鑑賞は秘めているように思えてなりません。

「そんな対話型鑑賞の魅力と可能性を伝え、実践の広がりを後押ししたい」。そんな思いから、この本を書くことにしました。

「対話型鑑賞」の可能性

対話型鑑賞は、作品についての情報や解釈を専門家や教師が一方的に伝えるのではなく、鑑賞者自身の思いを尊重し、グループでの対話を通して作品を味わっていく鑑賞法です。

一九八〇年代にニューヨーク近代美術館（ＭｏＭＡ）で同館の教育部長を務めていた

フィリップ・ヤノウィン氏と認知心理学者のアビゲイル・ハウゼン氏ら研究チームによって開発された鑑賞教育プログラム、ＶＴＣ（ビジュアル・シンキング・カリキュラム）に端を発しています。その後ＶＴＣはＶＴＳ（ビジュアル・シンキング・ストラテジーズ）として現在、学校教育を軸とした鑑賞教育に発展しています。

日本では一九九一年以降、現京都造形芸術大学教授の福のり子氏、現横浜美術館館長の逢坂恵理子氏、美術史家のアメリア・アレナス氏らをはじめとする国内外の美術関係者によって、美術館を中心に紹介されました。近年はＶＴＣやＶＴＳの理念を受け継ぎつつも、日本に合わせたかたちで進化しており、鑑賞力だけではなく、観察力・批判的思考力・言語能力・コミュニケーション能力といった総合的な「生きる力」[※1]の育成につながる手法として用いられています[※2]。

もともとは美術鑑賞の手法として生まれた対話型鑑賞ですが、実は美術だけでなく他教科・他分野への応用が可能です。そのことに私は次のような可能性を感じています。

1　学校教育のさまざまな教科で対話型鑑賞の方法を導入すると、自ら問い・考え続ける力、いわゆる「セルフ・エデュケーション力」が美術一教科で行うよりも飛躍的にアップする。

2　二〇二〇年から実施される新学習指導要領が目指す「主体的・対話的で深い学び」を具現化する手法になり得る（すでに現在、日本各地の学校や学習塾等の教育現場で他教科・他分野への転用の試みが始まっている）。

3　他分野に応用されることを通して、美術がもともと持っている力――「美術の可能性」を再認識することができる。

このような可能性を信じて、愛媛県美術館では対話型鑑賞を他教科に活用・普及していく取り組みに着手。二〇一五年度から四年間、文化庁の美術館・博物館への補助事業の一環として、愛媛県総合科学博物館、愛媛県歴史文化博物館、県内の小中学校の先生方、そして京都造形芸術大学アート・コミュニケーション研究センターをはじめとする外部専門家とともに「えひめ「対話型授業」プロジェクト」を展開してきました。

国語、社会、算数、理科、さらには体育に至るまで、さまざまな教科で対話型鑑賞を応用した取り組みを行うことで、さまざまな気づきが得られています。また対話型鑑賞の特徴である「どこからそう思う？」という問いかけ方について、その効果に関する調査も行いました。同プロジェクトを通して、対話型鑑賞の有効性と可能性が改めて明らかになってきたと考えています。

この本の構成

この本は、対話型鑑賞について初めて聞いたという人や、聞いたことはあるけれど詳しくは知らない人、実践・体験してみたいと考えている人のために、対話型鑑賞のエッセンスと幅広い活用の可能性、また基本的な実践方法をお伝えすることを大きな目的としています。

主として学校での事例やエピソードに触れながらお話ししていきますが、読んでいただきたいのは学校・教育関係者に限りません。保護者にとっても今日、子どもの「自ら学ぶ力」「正解のない問いに挑む力」をどう育むかというテーマは、大きな関心事であり、これからの子育てへのヒントも多々あるのではないかと思います。

また、企業内で人材育成に携わる方にも、広く対話型鑑賞について知っていただきたいと思っています。昨今、「正解のない問いに向き合う力」や創造力、コミュニケーション能力などを高めることを目的として、レゴブロックを使ったワークショップや、日常を離れて行う対話のセッションなど、従来の研修とは異なるさまざまな能力開発の手法が生まれています。対話型鑑賞はその非常に有効な手段になり得るのです。

本書の第1章では、まず対話型鑑賞とは何かについて、その特徴や可能性についてご説明します。一つのアート作品を例に、読者の方も対話型鑑賞における問いに向き合ってみていただければと思います。

第2章では、対話型鑑賞がなぜ従来型の鑑賞教育や一般的な「授業」よりも子どもの主体的な学びを引き出しやすいのか、少し理論的な面にも触れながらご説明します。対話型鑑賞の基本となる「みる[※3]・考える・話す・聴く」というプロセスや、主体的な思考を促す問いかけのポイントをお伝えします。

第3章では、実際に小学校で行われた授業の記録をもとに、対話型鑑賞の一連の流れを追体験していただきます。続く第4章では、前章で見た授業を振り返りながら、その場で何が起きていたのか、なぜ豊かな対話が生まれるのかをご説明します。

第5章では、「えひめ「対話型授業」プロジェクト」における、さまざまな教科での取り組み事例を紹介します。愛媛県内の小中学校の先生たちによる創意工夫と、子どもたちの反応から、対話型鑑賞の応用可能性の豊かさをお伝えできればと思います。

第6章では、対話型鑑賞（授業）をご自身の学校や職場などで取り入れてみたいという方のために、実践法をご説明します。そして第7章では、実践に際してやってしまいがちな失敗例や注意点を挙げながら、よりよい学びの場をつくる上で大切な視点をお伝えします。

最後の第8章では、大学やビジネス界などでの取り組みを紹介しながら、対話型鑑賞のこれからの可能性について考えてみたいと思います。

NOTE

※1 現行学習指導要領の理念であり、中央教育審議会や文部科学省が掲げている教育目標。いかに社会が変化しようと、自ら課題を見つけ、自ら学び、自ら考え、主体的に判断し、行動し、よりよく問題を解決する資質や能力等が挙げられている。

※2 福のり子氏は二〇〇四年に京都造形芸術大学に教授として就任した後、対話型鑑賞プログラムを年間必修授業として導入し、それをACOP（アート・コミュニケーション・プロジェクト、通称「エイコップ」）と名付けた。その後、同大学内に「アート・コミュニケーション研究センター」を開設。同センターは美術館・博物館や学校教育現場、および企業に向けた人材育成等、教科（分野）横断的な実践と研究を行っている。

※3 対話型鑑賞では「みる」ことを目だけではなく五感を駆使して受け止め、理解を深めていくこととして考えるため、本書では平仮名で「みる」と表記している。

教えない授業　目次

対話型鑑賞の四つの柱

第3章 ある日の「教えない授業」

第4章

対話が生まれる理由

授業の中で起きていること

第5章

さまざまな分野で

「対話型授業」

第6章 ナビゲーションの実践

第7章
よりよい学びの場づくりのために

第8章

対話型授業がひらく未来

第1章 問いかけの魔法

対話型鑑賞とは何か

突然ですが、最近、美術館に行かれましたか？

よく行っている人もいれば、もう何年も行っていないという人もいるかもしれませんが、みなさんは美術館に行ったとき（あるいは本などでアート作品をみるとき）、作品をどのように「鑑賞」しているでしょうか。

美術館の学芸員として、来館者が鑑賞する姿を日々目にしている中で、明らかに多くの人に共通する傾向があります。

作品の横や下に添えられた解説文を、まず熱心に読むことです。

作品のタイトル、作者名、そしてどのような背景のもと、どんな意図をもって制作した作品なのか。何がどのように描かれていて、世間でどう評価されているのか。作品にまつわる情報を、一つ一つ丁寧に読まれる方がとても多いのです。

もちろん、読んでもらうために用意しているので、読んでいただけるのはよいのですが、中には、作品そのものをみている時間よりも、解説を読んでいる時間のほうが長いのでは？　と感じる鑑賞者もいます。みなさんは、いかがでしょうか？

MoMAの調査でもこうして得た知識のほとんどが美術館を後にする時には人々の頭の

中から消えている、つまり、定着していないことがわかっています。作品をみるよりも解説文を読むことを、悪いとか、間違いだとか言うつもりはありません。が、展示を企画する側としては、作品に関する「情報」を提供すること以上に、豊かな「鑑賞」の体験を提供したい……そんな思いがあります。

それでは、豊かな鑑賞の体験は、どうすれば可能なのでしょうか。そもそも豊かな鑑賞とは、どのようなものなのでしょうか。

以前、あるテレビ番組で、エドヴァルド・ムンクという画家の《叫び》という作品の画像を、東京の街頭でみせて、道行く人に「どう思いますか?」と感想を聞いている場面をみたことがあります。インタビューに答えていたのは日本人でしたが、「あ、ムンク」と画家の名前を答える人、「《叫び》ですね」と作品名を答える人、あるいは自分の頬に手を当てて、おもしろおかしく叫ぶ姿を真似てみせる人がほとんどでした。

番組を続けてみていると、今度は場面が東京からムンクの故郷、ノルウェーのオスロの街に移りました。そして同じようにムンクの《叫び》についてインタビューが始まったのですが、私は驚きました。オスロの街の人たちからは、「ムンク」という画家名も《叫び》という作品名もあまり出てきませんでした(時折、忘れている人もいました)。しかし、その代わり、老若男女を問わず、いろんな感想が出てきたのです。

美術館で作品をみた後（あるいは映画を観たり小説を読んだりした後）、私たちはその作品についてどれくらいのことに気づいたり考えたりできるでしょうか。そして、どれくらい自分の言葉で語れるでしょうか――豊かな鑑賞ができるかどうかは、どうやらここに関わっているように思います。

ところが、私たちは美術館で作品をみるとき、解説文を読み、作品を「知る」ことにまず意識を向けていることが多いようです。自分の心に耳を澄ませるよりも、書かれてある情報を得ることを優先しがちなのです。

解説文は、作品への理解を深める手掛かりになるでしょう。しかし、情報を「知る」ことを意識し過ぎるために、作品をまず自分の目で「みる」ことができなくなってしまう面があるのではないでしょうか。

中学生や高校生の頃の美術の時間を憶えているでしょうか？

学校によってまちまちかもしれませんが、私は、美術作品について「□□□という画家が、△△△時代に制作したもので、○○○という技法が使われている」といった解説を先生から聞かされ、それがテストに出題されたことを憶えています。実際に作品を創る時間は楽しかったのに、情報を記憶したかどうかを問われるテストがあるために、美術の時間の魅力が少し損なわれたような気もします。作品の「鑑賞」について何か学んだことがあったかと自問すると、何も答えられません。

日本の学校教育はこれまで「知識偏重」で、ものごとを暗記することばかり重視しているという批判がありました。歴史の年号を覚えたりする類のことがよく例に挙げられますが、美術という本質的に「正解」がないような分野でさえ、知識を得ることを重視する授業が行われてきたのが実状ではないでしょうか。

私たちがアート作品そのものを眺める以上に、その解説文を熱心に読んでしまいがちなのは、そのことに関係しているのかもしれません。

すべては「問い」から始まる

最初に知識を求めるのではなく、まずは自分の目でじっくりみて、考えること。

本書のテーマである対話型鑑賞は、それを促す手法と言えます。

対話型鑑賞を取り入れた授業では、先生が一方的に何かを教え、子どもたちは黒板の文字をノートに書き写すだけ、といった光景はみられません。

子どもの発言について先生が正解か間違いかを告げることもありません。

先生の問いかけに対して、だれも手を挙げずに重苦しい空気が流れることも、ほとんどないようです。

この授業の特徴は、先生が「教えない」こと。その代わりに、「問い」を投げかけます。その問いは、「これは何ですか？」というような、一つだけの答えを求める問いではありません。先生は、たとえば「これは何だと思う？」「どのようにみえる？」というような、さまざまな見方を引き出す問いを投げかけ、子どもがそれに向き合うことをサポートします。子どもたちはそれぞれ自分で考えたことを発言し、互いの言葉に耳を傾けます。そして、いろんな見方や考えがあることを知り、興味をそそられ、さらに考えを深めたり広げたりしていきます。


では、対話型鑑賞ではどのような「問い」を投げかけるのでしょうか。

たとえば、次のページの作品をご覧ください。

この作品をみて、あなた自身の感想を言葉にしてみてください。

《古靴》ヴィンセント・ファン・ゴッホ
1886年　油彩・画布　37.5 × 45.0cm　ヴィンセント・ファン・ゴッホ美術館蔵
Shoes, Vincent van Gogh, Van Gogh Museum, Amsterdam (Vincent van Gogh Foundation)

……どんな言葉が思い浮かんだでしょうか。すらすらと感想を語ることができたでしょうか。「言いづらいなあ」とか、「一言では言い表せないよ」と思われたかもしれません。あるいは「これはゴッホの絵で、彼が履いていた靴です」と、感想ではなく、ご自身の知っていることをつぶやいた人もいるかもしれません。

いきなり「感想を話しましょう」と言われても、すらすらと話せる人は多くないでしょう。「どうしよう、『きたない靴ですね』『匂いまでしそう』などと言ったら人に笑われてしまうかな」とか、大勢の人がいる場だと、「もっとうまいことを言わなければ」と、ためらってしまう人もいるかもしれません。

このように、正解のない問題について発言することへのハードルは、意外に高いのです。だからこそ対話型鑑賞では、作品を前にして、まず次のように「問い」を鑑賞者に投げかけることが重要なのです。

「絵の中でみつけたこと、気づいたこと、考えたこと、疑問でも何でもいいので話していきましょう」

この言葉を受けて、先ほどの作品を見直すとどうでしょう。どんなことを話せるでしょうか。

作品の中で「みつけたこと」「気づいたこと」「考えたこと」であれば「疑問でも」「何

でもいい」ので、たとえば「一足の靴がある」とか「靴ひもは植物の蔓みたい」といったことで構いません。「なんだか使い古されてそう」とか「向かって右側の靴ひもの先がアルファベットのCにみえる」「この靴が置かれた場所は農家の納屋の中だろうか」とかでも大丈夫。先ほどの「感想を言ってください」と言われるより、こちらの問いの方がどれほど気楽に話せるか。だからこそ、より多くの発言が可能となるのです。

対話型鑑賞では、このような問いかけを行うことで発言へのハードルを低くし、参加者のいろいろな見方を後押しするので、だれもが安心して発言することができます。このことが、対話型鑑賞の時間に子どもたちの手がどんどん挙がる一つの理由だと考えられます。

対話型鑑賞の特徴であるもう一つの問いは、

「どこからそう思う？」

というものです。「作品の中でみつけたこと、考えたこと、疑問でも何でもいいので話していきましょう」と言って出てきた声のなかに、その人の作品に対する解釈が垣間みえたら「どこからそう思ったの？」と問いかけます。

たとえば、先ほどの作品をみて「一見、一足の靴のようにも思えるけど、それぞれ別々の持ち主の靴のようにみえてきた。まるで、つきあいの長い友人どうしのようだ」という声があったなら、「なるほど、おもしろい意見ですね。この靴が一足ではないかもしれない。そして、ずっと昔からの友達どうしのようにみえるんですね。でも、どこからそう思ったのでしょうか?」と聞いてみます。すると「つきあいの長さは、靴の色や崩れた形から使い込まれた感じがするから」とか「(向かって) 右側の靴は襟みたいな部分が立っていて、それに対して左側の靴は襟が折れている。同じ方向を向いているから気は合うけれど、性格は違うようにみえます」といった見方が示されるかもしれません。問いかけを続けていくと、一人ひとりの解釈と、その根拠が浮かび上がってきます。

ポイントは、「なぜそう思う?」ではなく、「どこからそう思う?」と問うことです。「どこから」と問われると、自分がそう思った根拠を作品の中に探すことに意識が向きます。「作品の中のこの部分からそう思った」と具体的な点を指摘して言えるため、漠然と「なぜ」と問われるよりも、ずっと答えやすいのです。

対話型鑑賞では、このような「問い」によって、参加者の主体的な参加や、論理的な思考や、他者に伝わりやすい形での発言を促していきます。
したがって、対話型鑑賞を使った授業の中では、子どもは大人から知識を与えられる側、テストによって知識を試される側という受け身の存在ではありません。彼らは問いに対して主体的に考え、自分で考えた「答え」を組み立てていく能動的な存在です。また、先生から投げかけられる問いに向き合うだけでなく、コミュニケーションの中で自ら新たな問いを見出すこともあります。先ほどのゴッホの《古靴》を例に挙げると、対話の初期には靴の色や形について話していた子どもたちから、対話が進むにつれ、次のような発言が出てくることがあります。

子どもA　この靴を履いていた人は工事現場みたいなところで働いている人だと思う。
教師　なるほど、どこからそう思ったの？
子どもA　だって靴の先に土がついていて汚れているようにみえるから。
教師　ああ、ここね（子どもの発言の箇所を指差す）。この靴を履いていた人の職業について考えてくれたんだね。他の人はどう思う？

（中略）

子どもB　私はこの靴を履いていた人は物を大切にする人だと思います。

教師　どこからそう思ったの？

子どもB　どうしてかというと、こんなにボロボロになるまで靴を使っているからです。

教師　へぇえ。Bさんは靴を履いていた人の性格まで考えてくれました。

子どもC　はい！　Bさんに付け足しです。僕はこの靴をちゃんとそろえて置いているところから、履いていた人は礼儀正しい人だと思いました。

二〇二〇年から導入される新たな学習指導要領では、「主体的・対話的で深い学び」の視点に立った授業改善が大きなテーマとなっています。[※1] 自ら興味を持って学ぶこと、他者との協働やコミュニケーションの中で学ぶこと、問題を見出して解決したり、思いや考えをもとに創造したりして深く学ぶこと。こうしたことが今後の学習の理想的なあり方として示されており、対話型鑑賞を用いた「教えない授業」は、これに非常に適したアプローチだと考えられます。

また新学習指導要領では、「育成すべき資質・能力」として、以下が掲げられています。

1　学びを人生や社会に生かそうとする学びに向かう力・人間性等の涵養
2　生きて働く知識・技能の習得
3　未知の状況にも対応できる思考力・判断力・表現力等の育成

いずれも大切なことですが、三つ目の「未知の状況にも対応できる思考力・判断力・表現力等の育成」に「教えないこと」が有効だと語るのが、えひめ「対話型授業」プロジェクトの助言者であった三重県総合博物館の大野照文館長です。
大野館長は理科の学びの楽しみを体験してもらうことを目的として、対話型鑑賞によく似た「教えない」ワークショップを二十年近く開催してきました。※2
その中でも子どもにも大人にも人気のワークショプが「三葉虫を調べよう」。三葉虫がどんな生き物で、どんなふうに暮らしていたかを子どもたちに推理してもらうものです。二億五〇〇〇万年前に絶滅した生き物について推理するのですから、まさに「未知の状況にも対応できる思考力」を求めるワークショップです。
ワークショップの最初に大野館長はいつも、何も教えないこと、いじわるな質問をすることを子どもたちの前で宣言します。そして、ノーベル賞を受賞するような科学者は見事に自分の仮説や推理を当てた人たちだけど、そこに至るまでには何百回も外している、といった話をします。間違ってもいいから、恐れずにいろいろな可能性を考えるように促すのです。子どもたちは、いじわるな質問をする講師に対する対抗心をかき立てられ、さまざまな可能性を自分たちで能動的に探ろうとする心の準備ができるようです。

化石をじっくりと観察した後で大野館長から投げかけられる「三葉虫は身近な動物の何に似ているかな」「どのようにして天敵から身を守っているのかな」「どのようにして成長するのかな」といった問いに、子どもたちは一生懸命に考え、さまざまな推理を示します。

そして最後に示される研究結果に、推理が当たった子どもたちは得意満面。しかし、大野館長はここでまた子どもたちに話します。実は今回惜しくも「外れ」になってしまった考えも決して間違いではないこと。それは他の生き物の進化に当てはまる可能性があること。話を聞く子どもたちの表情は以前にもまして、いきいきとしたものになっていきます。

正しい答えを「教え込む」従来の教育から、教えるのではなく問いかけることで「学びを引き出す」教育へ。目を輝かせて化石をみつめる子どもたちの姿は、「教えない授業」の可能性の豊かさを示しているように感じます。

小学一年生が自ら問いをみつけ、考える

ここまでの話から、対話型鑑賞の基本的な特徴はおわかりいただけたと思います。が、読者の中には、「主体的な学びや思考力の成長を促すねらいがあることはわかるけど、実際に効果が確かめられているの？」と思う人もいるかもしれません。

日本における対話型鑑賞の取り組みはまだ歴史が浅く、学習効果を詳細に検証するためのデータや事例の数自体がまだまだ少ないのが実状です。[※3] ただし現場の実感としては多くの先生が確かな手応えを得ていることに加えて、いくつか効果を確認する取り組みも行われています。

二〇一三年に伊予市立郡中小学校で愛媛県美術館が実施した全十回の対話型鑑賞の授業については、「はじめに」で少し触れました。この授業では、一回目のはじめと十回目の終わりに、授業を受けた一年生の子どもたち全員（三十人）に同じ作品画像をみせて、感想を自由に書いてもらいました。約半年にわたって行われた授業の間に、子どもたちの観察力や思考力がどのくらい変化したかを探るためです。[※4]

使用した画像は、フリーダ・カーロというメキシコの作家の作品で、作家自身と一匹の猿が一緒に描かれている自画像です。一回目の授業で十回目の授業でも、感想を紙に書くために設けた時間はそれぞれ十分間程度。

一回目はほとんどの子どもたちが、「こわい」「きもちわるい」「さるがいる」といった、単語や短いひと言を書いただけでした。小学一年生が「絵をみて感想を書きましょう」と言われて記した感想としては、平均的なレベルかもしれません。多くの子どもが一分ほどで書き終え、他には何も書くことがないという様子で残りの時間が過ぎました。

しかし、十回目の終わりには、子どもたちの様子は驚くほど変化していました。みんな制限時間いっぱいになるまで熱心に書き続け、十分経っても書き終わらない子もいます。回収した感想文を見ると、目に見えて文章量が増え、一回目は小さかった文字の大きさも十回目には堂々としたものになっていることに気づきました。さらに驚いたのが、その内容です。たとえば、ある子どもはこう書いていました（子どもの書いたものをそのまま掲載しています）。

まゆげがつながっている（どうしてか）まんなかのとこがさがっているから。
くびかざりがへびに見えた（どうしてか）つながっているところが口に見えたから。

《猿のいる自画像》フリーダ・カーロ
1938 年　油彩・メゾナイト　40.64 × 30.48cm　アルブライト - ノックス・アート・ギャラリー蔵

はっぱがきゅうりのはっぱに見えた（どうしてか）ふわふわでさわるとしゃきしゃきしそうだから。

女の人の左がわのさるが、くびわをしている（どうしてか）くびにわがはいっているかんじがしたから。

他の子どもたちも、それぞれが作品の中で気になった箇所を挙げて「なぜ？」と自らに問い、その根拠を作品の中に探そうと、細やかな観察を進めていました。ほとんどの子どもたちが、自分の見方や感じ方を、根拠を添えて説明できるようになっていたのです。

さらに驚いたのは、十回の授業が終わった後に子どもたちに書いてもらった「ふりかえりシート」の、「みる・考える・話す・聴く」の四つの活動を楽しかった順に並べ、その理由を書くという項目への回答結果です。「みること」がいちばん楽しかったという子どもが多かったのは予想通りでしたが、次に多かったのが、「聴くこと」だったのです。当時クラス担任だった吉崎文子先生はこう話しています。

「思った以上に『聴くこと』に充実感を感じている子どもが多かったことに驚きました。話を聴くことはどの学習でも大切ですが、一朝一夕には身に付かず、その大切さを伝えたり、注意喚起をしたりするなど日々奮闘しているところです。それが対話型鑑賞では、自然に興味をもって友達の意見に耳を傾けていることがわかりました。実施前にはあまり考えていなかった効果です」

子どもたちの「ふりかえりシート」には、「聴くこと」が楽しかった理由として、たとえばこんな言葉が書かれていました。

「ともだちがいった、いけんがヒントになるからです」
「そんなことかんがえてんだとおもった」
「ともだちのはなしかたがじょうずでした」
「みんなのいけんは、わたしとはちがう気もちだったりするけど、わたしもなっとくできるときがあるから」

こうした一年生たちの言葉に私は感心するばかりでした。他者の意見を聴くことが楽しい。そう思える子どもたちを、とても素敵に思いました。

学校全体で実施した「朝鑑賞」の効果

愛媛県美術館では、小中高校生を対象にした「スクールトーク」という対話型鑑賞のプログラムを館内外で行っています。

普段は学校の要請に応じて図画工作科の鑑賞の授業枠（四十五分間）で、一つの学校につき一、二回程度、学年も一学年を対象にすることが多いなか、二〇一六年度、松前町立北伊予小学校から、「言語活動の充実」を目的として全校的に実施したいという依頼がありました。

学校全体で（全学年・全校児童を対象に）対話型鑑賞を実施したいという話は初めてでした。「言語活動の充実」が目的ですので、一回きりの実施ではなく、継続的に取り組みたいという要望もありました。当初は五回程度の連続授業を考えましたが、全学年の授業日程の中で、対話型鑑賞の時間を継続的に確保するのはなかなか難しいとのこと。協議を重ねた末、月二回程度、朝の時間（二十五分）を使って行うことになりました。

「朝読書」ならぬ「朝鑑賞」。「きたい〜よ・にこにこタイム」と名付けられたその時間は、朝のあいさつとともに八時に始まり、八時二十五分まで。一つの作品の画像を各教室の大型テレビを使って投影して実施しました。

対話型鑑賞では学級での対話を通してアート作品をみていく時に話が脱線したり混乱したりすることがあります。そのために話を「作品」に戻し、対話の交通整理役を担う「ナビゲーター」を一人置きます。この朝鑑賞では、当初私たち美術館のスタッフがナビゲーターを務めましたが、徐々にその役割を交代し、途中から美術館スタッフのサポートのもと、先生たちにナビゲーターを担ってもらいました。普段から子どもたちのことをよく知る先生たちがナビゲーターを務める方が、子どもたちの学ぶ力が向上することが、ＭｏＭＡの研究事例でわかっていたからです。

「きたい〜よ・にこにこタイム」は子どもたちにも先生たちにも好評で、それ以来三年間も続いています。この期間、同校の子どもたちと接してきた経験と、また毎日のように子どもたちの姿をみている先生方の声を踏まえると、同校の子どもたちは次のように変化（成長）していることがわかります。

- 「いろいろな見方があっていいのだ」とか「この時間は、通常の学力評価に左右されない」という安心感を持って、活発に発言できるようになっている。

- 回数を重ねるごとに作品の細部までよくみて発言できるようになってきている。
- 「どこからそう思う?」と繰り返しナビゲーターから問われるトレーニングを重ねることで、根拠を持って自分の考えを友達や先生に伝えることができるようになっている。
- 友達が発見したことに触発されて、さらに意見を重ねたり、また友達とは異なる見方を発表し、作品への理解を深められるようになっている。
- 図工以外の教科でも、自分の考えについて根拠を示して発言できるようになっている。

職員室では先生方が「この画像は使えるかな?」と、さまざまな教科の授業で使えそうな視覚教材のアイデアを日常的に出し合い、相談し合っていると聞きます。

もちろん、子どもたちのなかには引っ込み思案でなかなか発言できない子どももいますし、取り組みへの関心や熱意には個人差があります。しかし全員を対話に巻き込んでいくこと、子どもたちみんなの「学ぶ自信」につなげていくことなど、さらなる課題を見出しながら、北伊予小学校での取り組みは着実に歩みを進めています。

ビジネス界も注目し始めた

対話型鑑賞から得られる学びについては、学校だけでなくビジネス界でも注目が広がりつつあります。

「主体的・対話的で深い学び」を掲げる新学習指導要領は、時代の変化に対応するために考えられたものですが、多くの企業も同様の課題意識を持っているようです。変化が激しく、これまでのビジネスのやり方が必ずしも通用するとは限らない環境の中、「自ら課題を見出し、正解のない問いに答えていく力」や、「未知の状況にも対応できる思考力・判断力」などを育むことが、企業における人材育成の大きな課題になっているのです。

また、論理的思考力やコミュニケーション能力、他者の考えをくみ取る「傾聴力」といった能力もビジネスパーソンの基礎的な能力として重要視されています。[※5] こうした力を培うのに対話型鑑賞が役立つと考えられます。そのため最近は、対話型鑑賞を研修に取り入れる企業も出てきているのです。その具体的な事例については最終章で詳しくご紹介します。

教えるのではなく、「問い」によって主体的な学びを引き出す対話型鑑賞。その手法は本質的にきわめて普遍性の高いものであり、きっと読者のみなさんもそれぞれの仕事や活動に取り入れていけるものだと私は考えています。
以下の章では、対話型鑑賞が豊かな学びを可能にするメカニズムや、その実践法について、より詳しく説明していきます。

NOTE

※1　奈須正裕『「資質・能力」と学びのメカニズム』東洋館出版社、二〇一七年
※2　大野照文編著「三葉虫を調べよう　大学博物館でつける仮説から検証への科学的考え方の基礎能力」『文部科学省生涯学習政策局社会教育課よりの委託による平成14年度科学系博物館教育機能活用推進事業報告書』京都科学系博物館教育機能活用推進実行委員会、二〇〇三年
※3　ACOPでは二〇〇四年度から毎年学年末にACOPに参加した学生自身による分析や、国内外の研究者による分析等をまとめた『アート・コミュニケーションプロジェクト報告書』が出版されている。
※4　この方法で子どもたちの成長をみることはACOPでは早くから行われており、前掲の報告書の中で美術史家のアメリア・アレナス氏（二〇〇六年度）やアメリカの発達心理学者、カリン・デ・サンティス氏（二〇一〇年度）、現ヴァンジ彫刻庭園美術館学芸員の渡川智子氏（二〇一二年度）による分析結果が報告されている。
※5　経済産業省『人生100年時代の社会人基礎力について』二〇一八年

第2章

学びを促す仕掛け

対話型鑑賞の四つの柱

前章では対話型鑑賞の特徴や可能性についてお話ししました。教えるのではなく問いかけることによって、主体的な学びを可能にするものであること。新学習指導要領の掲げる「主体的・対話的で深い学び」に合致したものであり、そのため学校教育に幅広く活用できる可能性を持っていること。さらには企業内の人材育成の文脈でも注目されつつあることがおわかりいただけたかと思います。

この章では、対話型鑑賞の手法について、より詳しく、理論的な面も踏まえてご説明していきます。と言っても、本書は専門家向けの本ではなく、あくまで一般の方々を想定読者としていますので、あまり難しい話ではありません。

対話型鑑賞やそれを用いた授業やワークショップには、欠くことのできない四つの柱がありますす[※1]。

1 鑑賞者を考慮した「視覚教材」

2 四つの基本プロセス「みる・考える・話す・聴く」

3 さらなる観察や思考を促す「問い」

4　ふりかえり

それぞれについて見ていきましょう。

①鑑賞者を考慮した「視覚教材」

対話型鑑賞を用いた授業では、「みる」ことを通して、自ら問い、考え続ける力を鍛えていきます。そのため、どのような視覚教材を使うかはきわめて重要です。

アート作品に限らず、写真でも、イラストでも、歴史資料や民俗資料や詩などの文章でも、視覚教材になり得ます。後に紹介しますが、体育の授業で子どもたちが跳び箱を跳ぶ映像を使った例もあります。

では、みる人——鑑賞者のことを考えた視覚教材とはどのようなものでしょうか。

いちばん大切なポイントは、鑑賞者がみたくなるものを選ぶことです。

学校の先生なら、自身の目の前にいる子どもたちが「なぜ?」「どうして?」と、もっとみたくなる、考えたくなるような視覚教材を選ぶことが大切です。私がみせたい有名なアート作品や、私が関心のある化学現象の写真を選ぶことは最優先事項ではありません。みせたいものより、みたくなるもの。まず参加者の思いを尊重することが、視覚教材選びの土台になります。

えひめ「対話型授業」プロジェクトでは、子どもたちの発達段階はもちろん、対話型鑑賞を使った授業を受けるのが初めてなのかすでに経験があるのか、直近の授業で何を学んでいるのか、また子どもたちの暮らす地域の特性や地域との関わり(例:お祭りに積極的に参加している子たちなのか、そうでないのか)等を踏まえた上で、視覚教材選びを行ってきました。また学校の先生方に、子どもたち個々人が得意なこと、興味を持っていることを考慮して教材を選ぶように促しています。つまり、

子どもたちが何を知っているのか、いないのか。
自分の力でできることは何か、できないことは何か。

これを把握した上で視覚教材を選ぶ必要があります。私たちの行ってきたプロジェクト

では、美術館・博物館の学芸員は日々の子どもたちの様子についてはわからないので、毎回クラス担任の先生たちと相談して教材を選んできました。

そして、もう一つ大切なポイントが、「すでに知っていること・わかること（既知）」と「知らないこと・わからないこと（未知）」のバランスです。

子どもたちがすでに持っている力を発揮できて、そしてちょっとだけ未知のことにチャレンジできるような視覚教材が、学びを引き出す上ではとても効果的です。つまり、最適な視覚教材とは次のように言うことができます。

- **わかりやすさ（すでに持っている力を存分に発揮できるもの）とわかりにくさ（未知のことに少しだけ挑戦できるもの）が混在しているもの**
- **わかりやすい部分を踏み台に、勇気を持って、わからないことに挑戦できるもの**

たとえば、愛媛大学教育学部附属小学校の三年生たちに授業を行ったときは、はじめて対話型鑑賞の授業を受ける子どもたちだったため、担当の先生と相談しながら、最初はその授業をおもしろいと思ってもらうことがいちばんと考え、「不思議な世界」というテーマで視覚教材を準備しました。

一回目にみせた作品は、子どもたちが自らの経験の中のどこかでみかけたことがある動物たちと、どこかいつもと違う動物たちや場所が描かれた《魔法の森》です。

画面いっぱいに、ライオンやサル、さまざまな鳥や昆虫、植物のほか、人間のような顔の動物も描かれています。動物たちがみんな左の方を向いていて、どこに向かっているのだろう、左に何かあるのだろうか、サルが持っているものは何だろう、など、豊かな色彩の中に生き物をみつける楽しさとともに、「なぜ?」「どうして?」と問いが浮かんでくる作品です。

ねらいどおり、子どもたちは作品の中に知っている動物や生き物等を発見することを楽しみ、はじめての対話型鑑賞の授業はとてもにぎやかな時間となりました。

そして二回目は、子どもたちの一回目の経験が活かせるよう、前回と同じく動物らしきものが描かれている作品、《唐獅子図屏風》を選びました。ただし今回の作品は前回のとは異なり子どもたちが実際にはみたことのない生き物が描かれており、画面に描かれた情報(視覚情報)の量も少なくなっています。

当初、担当の先生は「意見が出るだろうか」と不安に思われたそうです。しかし、子どもたちは、情報量が少なくなったぶん、獅子やその周りを囲む世界に集中して、一回目の

《魔法の森》野間仁根

1934年　油彩・画布　130.5 × 194.0cm　愛媛県美術館蔵

《唐獅子図屏風》（右隻）狩野永徳（部分）

桃山時代・16世紀　紙本金地著色　223.6 × 451.8cm　宮内庁三の丸尚蔵館蔵

鑑賞の経験を活かしながら、描かれているものの発見だけでなく、そこから想像を始めました。そして、わからないことに対しては友達の発言を聴きながら「〇〇ではないだろうか」「いや△△にも思える」といろいろな可能性について考え、授業は一回目の時よりもさらに活発になって、先生を驚かせたのです。

人間は自らの経験を基にしながらモノゴトをみていきます。そのためこの例のように、前回みた作品と比較しながらみることのできる作品を探すことも作品選びの一つのコツです。また全く異なった表現方法の作品を用いる（この例では、現代に描かれた油絵の作品と桃山時代に描かれた日本画の作品）ことも重要です。こうすることで、鑑賞者の「レパートリー」が増えていくからです。

愛媛県伊予郡松前町にある北伊予小学校で対話型鑑賞の授業を行うにあたり、子どもたちにどういう作品をみせるか、先生方と手探りで相談していたときのことです。

子どもたちの発達段階と美術館内外のたくさんの作品画像、そしてそれまでの学校との出前授業等の経験を踏まえて、ほぼ候補作品が決まりかけたとき、四年生のある先生が「あっ」と思い出したように言いました。

「そういえば、うちの子どもたちは先日、老人福祉施設に行って、お爺さんやお婆さんと

《95歳の御柱祭》篠原久仁子　2011年　写真　茅野市美術館「寿齢讃歌－人生のマエストロ－」写真展Ⅳ図録より

お話をしたり、車椅子を押したりする体験をしたんです。そのときの経験が活かせるような作品はないでしょうか?」

その提案を受けて作品選びをやり直し、検討の末、前ページの作品を四年生の子どもたちと一緒にみていくことになりました。

画面左下のお婆さんが主人公の写真作品です。よくみると、お婆さんは背後にいる誰かに日傘をさしてもらい、車椅子に乗っています。周囲には大人も子どもも、たくさん人がいて、左斜め上の方向に向かっています。影の様子から、午前中か午後の明るいうちだと推測できます。お婆さんの表情や手の動き、服装等、複数の箇所から、お婆さんの気持ちを考えることができます。そして、お婆さんは、何をみているのでしょうか。旗や行進の様子からお祭りでしょうか。

この作品を使用した授業は、老人福祉施設での経験や子どもたち自身の祖父母との関わりの経験も相まって、いきいきしたものになりました。

視覚教材について、「みせたいものより、みたくなるもの」という話をしましたが、これも鑑賞者の視点に立った教材選びの一例と言えます。子どもたちの経験と関わりのあるものを教材にすると、作品から気づきを得るだけでなく、鑑賞の前後の経験から得られる学びも、より豊かなものになっていくと考えられます。

また、アート作品にはあまり興味がわかない人たちに対しても、その人たちに合った対話型鑑賞の活用法を考えることはできます。たとえば、レストランで働く人たちが、ディズニーランドのスタッフの写真を視覚教材としてワークショップを行ったら、「接客」という体験に関連する気づきが得られるかもしれません。

このように、鑑賞者の状態や関心に沿った視覚教材を用いることが、学びを効果的に引き出す仕掛けとなるのです。

②四つの基本プロセス「みる・考える・話す・聴く」

対話型鑑賞の考え方を用いた授業やワークショップを一本の「木」にたとえるとすれば、「根」の部分に相当するのが、「みる・考える・話す・聴く」という四つの基本プロセスです。

鑑賞と言うとどうしても「みる」ことが中心ととらえられがちですが、対話型鑑賞では「考える」「話す」「聴く」も同様に重要です。これらを順序よく、繰り返し行っていくことで、学びを深めていくことができます。

1　みる

対話型鑑賞の授業では、まずじっくり作品をみる時間を確保します。なんとなくみるのではなく、意識をもってじっくりと隅々まで観察することが大事です。人間は目だけでみているわけではありません。自身の経験や価値観や想像が（すなわち、脳が）、何をどのようにみるか・みえるかに大きく影響しています。

2　考える

みたものについて考えることが次のステップとなります。直感や疑問を大切にしながらも、作品のどの部分をみてそう思ったのか、「根拠」を探すことを対話型鑑賞では重視します。

描かれた人物を「優しそう」だと思ったのであれば、作品のどこからそう思ったのかを考えます。「なんとなくそう感じた」とか「目」や「口」とだけ言って済ませるのではなく、「目尻が下がっているからそう思った」「口元が微笑んでいるところからそう思った」「絵全体が明るくて顔に影がないから優しい印象を受けた」など、作品の中に具体的な根拠を求めるのです。それによって論理的思考が促されます。

3 話す

自分の考えたこと、心にわき上がったさまざまな感情や疑問を、的確な言葉にしてグループの人に伝えます。みるという「体験」は、それをふりかえる（言語化する）というプロセスを通して、一歩進んだ「経験」となります。

4 聴く※2

最後のステップは、他の人の意見に耳を傾けることです。

他者の意見を聴くことは、ごく普通のことのようですが、実は簡単なことではありません。大人でも、会議などで他の人が発言している間に「自分は何を言おうか」と考えたり、相手の意見を十分に理解しないまま聞き流したりすることがあるものです。音としては聞こえているのに、意味内容は聴けていない、ということもあります。

また、人には「自分の聴きたいようにしか聴かない」傾向もあることを意識する必要があります（これは「みる」についても言えることで、「みたいようにしかみない」傾向があることに注意しなければなりません）。

他の人の発言に真摯に耳を傾けること。そこから新たな視点を得て、改めて作品を「みる」と、それまでみえていなかったものがみえてくることがあります。

以上の四つを繰り返し、考えや視点をみんなで共有しながら、鑑賞を深めていくのです。

③さらなる観察や思考を促す「問い」

対話型鑑賞において人の考えを引き出すには、適切な問いかけを行うことが大変重要です。前章でも少し触れましたが、対話型鑑賞で用いる大切な質問が四つあります。

1 「作品の中でみつけたこと、気づいたこと、考えたこと、疑問でも何でもいいので話していきましょう」
2 「どこからそう思う?」
3 「他にはありますか?」
4 「そこからどう思う?」

それぞれについてもう少し詳しくみていきましょう。

1 「作品の中でみつけたこと、気づいたこと、考えたこと、疑問でも何でもいいので話していきましょう」

作品をみていきなり感想を述べるのは、大人にもなかなか難しく感じられるものですが、この問いによって発言のハードルがぐっと引き下げられます。対話の扉を開くための問いと言えるでしょう。

作品をみて人が抱く「イメージ」は、作品の中にみつけられる何かによってもたらされるものです。描かれているものが認識をもたらします。作品の中でみつけたことを何でも挙げてみよう、と投げかけることが、それぞれがみたものや感じたこと、抱いたイメージをためらいなく口にすることを可能にします。描かれている物でも、色でも、自分が抱いた感情でも、作品の中央に描かれているものでも、端っこの些細な点でも、何でもいいとすることで、鑑賞者はリラックスして発言できます。

なお、対話型鑑賞の源流である、ニューヨーク近代美術館で生まれた手法ＶＴＣやＶＴＳでは、What's going on in this picture?（絵の中で何が起こっている?）という問いが用いられています。作品の中にストーリーを見出すことを促す効果もある問いですが、このまま日本語に訳して使うと、抽象度が高いため発言するのがかえって難しくなるようです。そのため日本では「絵の中でみつけたこと、気づいたこと、考えたこと、疑問でも何でもいいので話していきましょう」という問いが用いられています。

2 「どこからそう思う?」

授業やワークショップの中で子どもが意見を述べたとき、ただ聞くだけでは、話が広がったりつながったりせず、そのまま終わってしまいがちです。普段から子どもと接する仕事をしている人には身に覚えがあるかもしれません。せっかくの発言を「言いっ放し」で終わらせてしまうのは、とてももったいないことです。

対話型鑑賞では、発言を言いっ放しで終わらせず、拾い上げ、さらなる考えを促すために「どこからそう思う?」という問いを使います。VTCやVTSでは、What do you see that makes you say that?（この絵の中の何があなたにそう言わせたのだろう?）という問いが使われており、これを自然で使いやすい日本語に訳したものが「どこからそう思う?」です。

たとえば、作品をみて「きれいだな」「汚いね」「おもしろい」「わー、すごい!」「なんだか変だね」といった感想がわきおこったとき、「どこからそう思う?」と問いかけます。感想や考えの根拠を聴く問いであり、論理的思考を促す問いです。

この問いによって、子どもたちは事実に基づいて論理的に意見を述べる力を自然に養っていくことができます。意見に具体的な根拠を求めるこの問いかけは、アート作品の鑑賞に限らず、国語や歴史、算数や科学に関する題材であっても同様の効果を持ちます。

ここで少し注意したいのが、おそらく多くの人が口にしがちな「なぜ（どうして）そう思う？」という質問と、「どこからそう思う？」の違いです。根拠を尋ねるのであれば「なぜ」と聴くのが自然なようにも思われるでしょう。

しかし、「なぜ（どうして）そう思う？」という問いは、子どもにとっては抽象的で、かえって答えづらくなりがちです。大人もまた、自分の心情を吐露することを求められていると感じて答えづらくなるようです。「なぜ」だと、意見の合理性を示す証拠というより、自分がその見方を示した動機を問われていると感じてしまうのです。「どこから」、つまり何をみてそう思ったのかを問えば、作品中の具体的な「どこか」を示せばよいので、格段に答えやすくなります。

この違いは実際に対話型鑑賞を使った授業やワークショップを実施するとよくわかります。松前町立松前小学校の三年生を対象に「古い道具と昔のくらし」というテーマで出前授業を実施した愛媛県歴史文化博物館の松井寿学芸員は、最初の授業で「どうしてそう思う？」という問いを使っていたところ、子どもたちが理由を話すとき、「躊躇したり、しばらく間があったりした」そうです。そこで、二回目の授業では「どこからそう思う？」を使うように意識したところ、ずっとスムーズに理由が語られることに驚いたと話してくれました。

また、「どこからそう思う？」の効果はそれだけではなかった、と松井学芸員は語っています。その授業では、歴史文化博物館に所蔵されている下駄や草履などの昔の履物をみんなでみて、それぞれの用途を考えていました。ある履物を「雨の日に履くためのもの」と判断した子どもに、「どこから『雨の日に履くもの』と思ったのかな？」と松井学芸員は問いかけました。その子は履物の前カバーの部分を指して「これ（カバー）があるから足が濡れない」と回答。すると他の子が「他にもあるよ！」と勢いよく手を挙げ、履物の「歯」（下駄等の地面に接地する部分のこと）が高いため、泥水等の跳ね返りから足を守れるのではないかという意見を述べたのだそうです。

目の前にある民俗資料の中にある具体的・客観的な根拠が示されたからこそ、他の子どもが同じ視点を速やかに共有することができ、「他にもある」と気づくことにつながったのではないかと考えられます。

このように対話型鑑賞では、参加者の論理的思考を促すために、作品や資料といった具体的な物を拠りどころにして、自ら考えたことの根拠を物の中に探すよう求めていきます。そのため安心して発言することができますし、参加者同士がお互いの発言を理解・共有しやすくなるのです。

3 「他にみつけたこと、考えたことはないかな？」

この問いは、鑑賞の視点がある特定の事柄に集中してしまいがちな時や対話が一段落した時に、他の子どもの異なる視点を聴くことでさらに対話を深めたり、広げたりするために使う問いです。ＶＴＳの What more can we find?（もっと発見はありますか？）という問いを訳したものです。さらにこの問いは、常に別の見方や考え方の可能性があることをも示唆しています。

4 「そこからどう思う？」

少し発展的な問いとして、「そこからどう思う？」というものもあります。参加者の発言に対して、さらに考えを広げること・深めることを促す問いかけです。

たとえば、人物が描かれた作品をみて「顔が暗い」と言った子どもに、「どこからそう思う？」と問いかけると、「眉間にしわが寄っているところ」という答えが出てきたとしましょう。ここで「そこからどう思う？」と問うと、「うーんと、怒っているのかもしれない」とか、「いや、これからどうしようかと考えているのかも」というように、さらに踏み込んだ考えが促されます。
実際に中学生対象の授業で、こんなやり取りを行ったこともあります。

中学生　（作品の中の）女の人のブラウスは控えめな色なのに、スカートの色はとても華やかにみえる。

ナビゲーター　そのことについてどう思う？（そこからどう思う？）

中学生　もしかしたら、女の人にいろいろな気持ちがあることを表しているのかもしれない。

発言した生徒の、作品に対する解釈を深めることにつながる問いかけであることが、おわかりいただけると思います。
なお、「そこからどう思う？」は、「どこからそう思う？」という問いに参加者が慣れてきてから使うことが奨励されています。「どこから」に慣れていないうちに「そこから」を使ってしまうと、作品の中に根拠を探すという基本的なスタンスが保たれず、参加者が混乱することがあるためです。
ちなみに、この「そこからどう思う？」はＶＴＳには登場しません。これは、京都造形

芸術大学アート・コミュニケーション研究センターによって研究・開発された問いです。[※3]

以上四つの問いをナビゲーターが場面に応じて使い分けることで、「みる・考える・話す・聴く」という四つの基本が効果的に機能し、豊かな対話型鑑賞を生み出します。

④ふりかえり

対話型鑑賞の時間は子どもにとってもナビゲーターにとっても楽しいものとなりますが、授業が終わった後の時間も大切です。子ども自身が鑑賞中、みて、考えて、話して、聴いたことをふりかえることで、さらに学びを進めることができます。

ふりかえりの詳細は第6章の「ふりかえりをしよう」でもご紹介しますが、鑑賞の中で得た気づきや学びを紙に書き出すなどして言語化してもらいます。毎回の授業後に行うこともできますし、「はじめに」でご紹介した小学一年生を対象にした連続授業では全ての授業が終わった後で、子どもたちにふりかえりをしてもらいました。

つまり、これでなければならない、といった決まったルールはありません。目の前の子どもたちの状態や状況に応じて対応することがいちばん大切なのです。

対話型鑑賞のエッセンスについて紹介してきましたが、ここまでの話を踏まえると、これが美術鑑賞だけでなく幅広い分野に応用可能なものであることがご理解いただけると思います。

- **視覚教材**……アート作品だけでなく、昔の履物や道具といった資料でも、写真でも、映像でも可能です。文章を皆の前に掲示して行うこともできます。
- **四つの基本プロセス**……いつもは無意識に行っている「みる・考える・話す・聴く」を意識的に行うことでより学びが深まります。
- **さらなる観察や思考を促す問い**……アート作品に限らず他の教科や分野であっても同じ問いかけが使えます。
- **ふりかえり**……授業後にふりかえり、気づいたことや考えたことを言語化することで学びがさらに深まります。

みんなで一つのものをみること

また、対話型鑑賞で重要なこととして、みんなで「一つのもの」をみつめることが挙げられます。

以前、対話型鑑賞を導入し始めたある中学校から、「話が続かず、対話が生まれない」と相談を受けたので、教室の様子を覗かせてもらいました。すると、生徒一人ひとりの机の上に、視覚教材のカラーコピーが配られていたのです。

生徒たちは終始、それをみていました。みることには熱心なようでしたが、視線は机の上の画像にあります。ずっと下を向いたままなので、友達の発言を聞いても、画像のどこについて、どういう思いで話しているのかは伝わりにくいようでした。「どこからそう思う?」という問いに答えても、「どこから」が十分に共有されないのです。ナビゲーターを務める先生も画像をみなければいけないため、自ずと視線が生徒たちから離れてしまいます。みんなの目線はほとんど交じり合いません。これでは対話は成り立ちません。単純なようですが、一つの作品をみんなで囲んでみるスタイルの方が、ずっと話がしやすくなります。

お互いがどんな表情でどのように話しているのかに目を向け、相手が言いたいことはなんだろうかと想像することから「対話」は始まります。そのためには、みんなで「一つのもの」をみて、共有することがいちばんなのです。

この章では対話型鑑賞の四つの柱を中心に、ご説明してきました。それらが教育現場でどのように用いられ、どんな反応を生み出しているのか、次の章では、ある小学校で行われた実際の授業の模様をご紹介します。

NOTE

※1 本書で紹介する対話型鑑賞の手法は京都造形芸術大学アート・コミュニケーション研究センターが開発した「ACOP（アート・コミュニケーション・プロジェクト）」に基づいている。

※2 VTCやVTSでは主に「みる・考える・話す」の三つが挙げられているが、ACOPでは四つ目として「聴く」が加わっている。

※3 福のり子・北野諒編著、春日美由紀・房野伸枝協力『みる・考える・話す・聴く　鑑賞によるコミュニケーション教育』日文教育資料、一八一一九頁、二〇一三年

第3章

ある日の「教えない授業」

この章では、愛媛大学教育学部附属小学校の三年生の子どもたちを対象に行った授業の一部始終を紹介し、読者のみなさんに対話型鑑賞を使った授業を追体験していただきます。紙面の都合上、発言のすべてをそのまま記載することはできませんが（教室のいきいきとした様子をお伝えするため愛媛の方言交じりで表記しています）、一緒に作品をみていきましょう。

授業に入る前に

子どもたちにとっては二回目の対話型鑑賞。ナビゲーターは同校の図画工作科教諭、藤野由起子先生です。ナビゲーターを始めてちょうど一年の藤野先生は、授業に入る前に、今日ここで何をするのかについて子どもたちに説明しました。

「それでは、これから二回目の〈アートゲーム〉をします。前にやったとき、『絵の中を冒険するんだ』と言ってくれた人がいましたが、今日もここに映される絵をじっくりみてみましょう。みつけたことや気がついたこと、考えたことを、疑問でも何でもいいので、みんなでお話してみましょう。友達の意見を聴いていると、もっともっと新しいものがみえてきたり、新しい考えが湧いてきたりしますので、お友達の意見を聴くということも、がんばれたらいいなと思います」

対話型鑑賞という言葉は小学三年生には難しいので、ここでは「アートゲーム」という表現をしています。ちょっとした工夫ですが、呼び方一つとっても子どもの発達段階や目線に合わせることは大切。「ゲーム」という表現をすることで、授業に対する姿勢が普段とは異なるものになります。

先生は話しながら、「みる・考える・話す・聴く」の四つの基本プロセスの図をスライドに投影しました。よくみること、みつけたことや、気づいたこと、考えたこと、疑問などをみんなで話すこと、友達の意見を聴くこと。この時間に取り組むべきことをかみ砕いて伝えます。また「みんなでお話してみましょう」と呼びかけ、安心して発言できる空気を醸成しようとしています。

まずはよくみる！

次いでスライドに映し出されたのは狩野永徳の《唐獅子図屏風》。金色の背景を前に二頭の獅子が立っています。途端に教室内がざわつきました。

「では今回の絵はこれ。まずはよくみてみましょう」

先生がそう言うと、たちまち「はい！」と手を挙げた子がいます。「昔の絵みたい」「むっちゃムキムキや」と発言する子も。藤野先生はそれには答えずに言いました。

「まずはよくみる！　パッと目に入ったところから隅々まで、みる」

さーっと静かになる子どもたち。みんな口を閉じ、作品をみることに集中しています。数分経って時計を見た藤野先生が、「もうちょっと時間がほしい人いる？」と聞くと、子どもたちは首を横に振りました。

「では、みつけたこと、気づいたこと、考えたこと、疑問でも何でもいいです。みんなで話していきましょう。話したい時は手を挙げていきましょう」

途端に何人かが手を挙げます。早かったM君が指名されました。

「なんか、この変な動物の髪の毛がもじゃもじゃしている」

《唐獅子図屏風》（右隻）狩野永徳（部分）桃山時代・16 世紀　紙本金地著色　223.6 × 451.8cm　宮内庁三の丸尚蔵館蔵

「もじゃもじゃしている。変な動物というのは、どれのことかな？　これ？」と、先生は右側の獅子を、指差しました。

これは「ポインティング」といって、対話型鑑賞のナビゲーションでとても大切なテクニックの一つです。作品のどの部分について話しているのかを全員で共有するために、物理的に指し示して確認するのです。指差しは、発言者に対して「あなたの話を聴いていますよ」と伝えることにもなります。

「隣のやつ」とM君。

「髪がもじゃもじゃした変な動物というのは、こっちのことなんだね」と左側の獅子を指しながら先生は言いました。「『変な』というのは、どこからそう思ったの？」

さっそく先生は、対話型鑑賞における鍵となる問い「どこからそう思ったの？」を使いました。

M君は「チーターでも、ライオンでも、トラでもない」と理由を口にしました。作品の中に根拠を探すことが対話型鑑賞では重要なので、「ここから」と具体的に示してほしいところですが、まだそこまではいかないようです。藤野先生は、左側の獅子を指しながら「この姿形がM君が知ってる動物じゃないな、だから変だな、って思ったんだね」と発言を言い換えました。うなずくM君。

先生は「なるほど。他にどうでしょう?」と、他の子たちに発言を求めました。

指名されたTさんが「全部が金色の世界にいる」と発言。

「金色の世界にいる。色のことを言ってくれたね」と先生は別の観点が示されたことを子どもたちに伝えました。

他にも色についての発言が出るかな、と思いましたが……出てきません。先生は、

「みんな、『変な生き物』についてはどう思う?」

と、皆の注意を中央の生き物に向けさせました。

これは「焦点化」というテクニック。鑑賞中、子どもたちのみているものが分散している場合に、みる箇所を絞ることです。これによって子どもたちもナビゲーターも話しやすくなります。手を挙げたSさんが発言しました。

「変な生き物みたいなのは、親子で……」

言いよどむSさんに、先生は二頭の獅子を指しながら「この二頭が親子で――」と発言を繰り返して待ちます。Sさんは続けました。

「金色の何かを踏みながら、向こうに行っている」

「こっち側?」と先生が画面の左の方を指すと、Sさんは頷きます。

ここで先生は例の問いを使いました。

「なるほど。この二頭が親子だって言ってくれたけど、どこからそう思ったかな?」

「お話してるみたいだし、仲良しみたいだから」

どういうところからそう思ったの?」

「お互いが目と目をみてる」とSさん。作品の中の根拠が示されました。

「あ、ここか」と先生は二頭の獅子の目を指します。「目と目が合ってる」

するとと突然、Uさんが声を上げました。

「みてないよ。茶色(の獅子)はみてない。白はみようとしてる」

ざわざわっとする教室内。異なる意見が示されました。藤野先生も驚いています。

「へえ! Sさんからは『目と目が合っている』という意見があって、Uさんからは『白い方はみているけど、茶色の方はみていないんじゃないかな』という意見がありました」

子どもたちの誰かが「確かに!」と叫びます。

藤野先生は、「Uさんは、お友達の言うことをよく聴いてたんだね。聴いたことについて自分でちゃんとみていたね」とコメント。作品をよくみて、人の意見をよく聴いて、自分の考えを発表する。ポインティングや焦点化によって子どもたちの意識が集中してきた中でUさんの気づきが示され、授業はここからぐっと盛り上がっていきました。

次々に出てくる新たな視点

　Uさんの発言が刺激になったのか、子どもたちは次々に新たな視点を示しはじめました。

「（二頭の獅子は）親子ではないかも。友達かもしれない。だって、友達同士でも目と目が合って話すこともあるから」とRさんが言います。続いてFさんも発言。

「白い動物が黄色い方に話しかけていて、黄色が返事をしている感じがする」

　藤野先生は「黄色い方が返事をしている感じがするのは、どこからそう思うの？」と問いかけます。

「前をみてて、前に何かがあるのかなって思ったから。だから黄色い方が『うん、そうだね』って言っている感じがする」

「この目は前にあるものをみていて――」先生はポインティングをしました。「『うん、そうだね』って返事をしているようにみえるんだね」

　Fさんはうなずきますが、「うーん」と今一つしっくりきていない様子の子も。獅子の一頭が返事をしているように感じる理由が、みんなに伝わっていないようです。

ここで藤野先生は「他には、どうでしょうか？」と改めて投げかけ、これまで発言していなかったKさんを指名しました。「全員を参加者にすること」もナビゲーターが注意を払わなければならないポイントです。

「火山みたいなのがある」とKさん。

「あら、場所についての意見が出てきたよ」と先生はまた新たな視点が出てきたことを子どもたちに伝え、「火山みたいと思ったのは、どこのこと？」と子どもの考えを引き出します。

何度かのやり取りによって、崖のあたりに岩が欠けている部分があり、火が出ているようにみえるから、と発言の根拠が明らかになりました。先生はなるほどとうなずき、

「今までみんなでここの二頭の動物の話をしていたんだけど、Kさんは周りのことをみて話してくれました」

と、Kさんが別の視点を示したことを子どもたちに伝え、他の話題に移りました。子どもたちの発言を言いっ放しに終わらせず、その発言の意義をナビゲーターが示すと、子どもたちはより安心して、より積極的に発言できるようになります。

次に飛び出したのは「二頭はデートしている」という発言。

「わ〜お！　デート？　恋人同士ってこと？　どこからそう思ったの？」

子どもの解釈が広がり始めて、問いかける藤野先生も楽しそうです。

「白いのがオスで、黄色の方がメス。身長と髪の毛が……」という発言を聴いて、何人もの子が「あ！　確かに！」と叫びました。左側の白いほうは体が大きいからオスで、右の黄色で小さい方がメスではないか、という考えには納得感があるようです。

子どもたちは「脚が上がっているから、歩いてるんじゃないかな」など、さらにさまざまな可能性を示し始めました。以下しばらく、子どもたちと先生のやり取りをたどってみましょう。

ー　シーサーに似てる。

先生　シーサーって、どこの？

ー　えーっと、沖縄。

先生　じゃ、ここは沖縄？　シーサーに似てるっていうのは、どこからそう思ったの？

ー　えーと、顔？　毛とか牙もそっくりだから。

先生　なるほど。シーサーだと思った人、他にもいる？

（何人かの手が挙がる）

誰か　シーサーって言われたらシーサーかもしれん。

誰か　シーサーってなんなん？

誰か　守り神？

誰か　松山城の上にもおる。

子どもたちが他の子の出した意見に対してよく反応するようになってきました。

先生　松山城の上にもこういう生き物が乗ってた？　お城の上にいるかもってことは、偉いのかな。他、どうでしょう。

Y　絵の中に五本の折り目みたいな線があるし、右下に文字とかが書いてあるから、これは屏風に描かれとるやつかもしれん。

誰か　ほんとだ！　折り目がある！

先生　すごいね。折り目に注目して、文字があるので屏風じゃないかなって思ったんやね。

H　左下が、見方を変えたら山っぽくみえたり、崖っぽくみえたりする。

先生　あら、さっきも出ていた周りの話が出てきたね。山っぽくみえるのは、どういうところから？

H　見方を変えて、黄色い道が続いてるって思ったら、山にみえてきて。遠くの景色を眺めるために高いところに来たって考えたら、崖っぽくみえた。

Ｓ　（左端の奥を指す）。ただのお散歩じゃなくて、仲の良さそうな二頭が歩いてるよ、探検してるのかな。

Ｓ　Hさんが、崖かもしれないし、岩かもしれないって言ったけど、金色のが雲だったら、これは動物の左のあそこからつながっているんじゃないかな。

先生　こことここ（獅子の居る場所と左奥を指す）がつながってるみたい？

Ｓ　うん。それと、炎の中にずんずん向かっていってる感じ。炎に強い動物なんじゃないかな。

先生　炎っていうのは、さっきW君が言ってくれたところ？　よく聴いとったね。そこに向かっていっている、火に強い。炎に強い生き物なのか。なるほど。

Ｇ　左の端のいちばん上の方に枝があるけど、葉っぱみたいなのが付いていて枯れているから、何日も雨が降っていないんじゃないかなって。

先生　なるほど、これが枯葉だと思ったんだね。そこから雨が降っていないんじゃないかなと。ここで火が燃えているという意見ともつながってくるかもね。A君どう思う？

Ａ　地獄みたい。

先生　地獄。あら大変。A君はどこからそう思ったの？

Ａ　G君が『木が枯れている』って言ってくれたんですけど、これは地獄で、雨が何日も降ってなくて、しかも下の床のところが炎みたいになっていて、人が入ったらすぐに亡くなっちゃうけど、あのライオンみたいなやつは炎にすごく強くて、地獄の王様みたいな、閻魔みたいな。

先生 地獄の閻魔様みたいな感じがするんだ。

誰か 閻魔様は人間やで。

先生 A君が、今までの意見を取り入れながら、閻魔様かな、地獄じゃないかなって言ってくれました。他にも炎に強い生き物なんだという意見もありました。まだ話せてない人いますか?

ここで先生が少しだけ話をまとめました。「小まとめ」と呼ぶもので、それまでに出た意見や、その大意をまとめることです。そうすることで、話の内容が整理され、全員で共有できるため、次の段階に移行しやすくなります。

他の人の意見を取り入れながら自分の考えを示したA君の発言を共有したことで、子どもたちはさらに想像力を働かせて作品を解釈し始めました。

作品の中に物語がみえてきた!

N　えっと、あの動物はいろんな種類の動物が混ざってるみたい。

先生　どこから思ったの?

N　白いのは背中に鱗みたいなのがあって、蛇の背中についているのみたいにみえるし、足がドラゴンのような爪をしているから。

先生　ドラゴンのような爪をしているから。なるほど。ドラゴンの爪って、どんなところからそう思ったんかな。

N　なんかドラゴンの爪はとんがっているし、白い動物の爪もとんがっているから。

先生　このとんがりからね。じゃあこれは、いろんな生き物の混ざった、不思議な生き物だなと思ったんだね。他どうでしょうか。

D　黄色のあっちの方が、足から燃えてるみたい。

先生　ふむふむ。この生き物の足元から燃えとるみたいなんやね。

誰か　確かに!

先生　Dさん、燃えてるって、どこからそう思ったん？
D　足。
先生　足って、この足？（右側の獅子の右後ろ脚を指す。D、頷く）
誰か　毛じゃないと思う、炎。
誰か　黒いのは毛だと思うよ。
誰か　雲じゃない？
先生　Dさんはこの黒い形が煙みたいって思ったの？
D　燃えてるみたい。
先生　炎の形かな？　ここの部分から、燃えてると思ったみたいだけど、いやいや毛だよって言った人もいたね。
誰か　毛じゃないやろ！
先生　他に今日、当たってない人いませんか？　いましたね。Cさん。
C　この金色の生き物、火でできてる。
誰か　だから黒い煙みたいなのが出てるのかな。
先生　Cさん、どこからそう思ったの？
C　黒いやつが煙みたいにみえる。

先生　さっきDさんが言ってくれた、この形が煙みたいで、この動物は燃えてるみたい。他どうでしょうか、Jさん。

J　金色の木の上を歩いているみたい。

先生　金色の木の上を歩いている。ここが木の上って（画面全体を覆う金色の部分を指さす）、どこからそう思ったの？

J　上らへんがモクモクしてて、下らへんに木が……。

先生　ここら辺？（左上の金色の雲の部分とその下の木らしき部分を指す）

みんな　わー、確かに！

先生　ここがモクモクの葉っぱ？　で、ここが木の幹かな？　なるほど。大きな木の上を歩いてるのかな。雲の上を歩いてるって言う人もいれば、この場所を探検してるって言う人もいたね。

M　いちばん左の枝は後ろにつながっていて、後ろの金色のは葉っぱだと思う。

先生　このモクモクが？

誰か　ありうる！

先生　じゃあ、奥に奥に風景が続いていってるのかな？　あの奥にどんどん続く世界があるんだね。

F　二頭は逃げてる感じがする。

先生　逃げてる感じがする。どこからそんな感じがしたのかな？

F　あそこの崖みたいなところで、「ああ、行き止まりだ」とか言ってる気がする。

先生　なるほど。この二頭は焦っているのかな。行き止まりになっちゃったって。焦っている感じがする。どの辺が？

F　白い動物が少し焦って喋ってる気がする。

先生　何か話してるという意見は最初の方にも出てたね。どうしよう、行き止まりだ、って相談しているのかもしれないね。

L　二人は戦争に行ってるみたい。

先生　戦いに行ってるの？　どこからそう思ったの？

L　崖からがんばって別のところに行こうとしてるみたい。お城とお城が離れていて、山を下ったり登ったりして行こうとしている。

先生　崖があるところを登ったり、下ったりしながら、戦いのところに向かってるのかな。逃げてるのかな。

L　それで登っているときに、黄色い方は火にさわって火傷しちゃった。

先生　なるほど、火傷しちゃったんだ。火に強いっていうイメージもあったけど、火が黄色い方についちゃったのかもしれないね。戦いがありそうだって意見も出てきました。屏風の絵だとか、松山城の上にもいるかもしれないという意見もありました。

みんな、よくみてるね。

他の人の視点を取り入れたり、意見に触発されたりする中で、子どもたちは作品の中に物語を見出そうとしています。彼らの解釈が、作者が意図したものかどうか、事実として正しいかどうかは、ここでは問題ではありません。自分の考えを根拠をもって組み立てることが大切であり、子どもたちはそれができつつあるようです。

また、ここまでのやり取りをみると、煙や炎があるといった意見の積み重ねによって「逃げている」とか「戦争に行っている」といった解釈が引き出されてきたようにも思えます。みんなの意見を聴きながら自分の考えを広げたり深めたりしていく対話型鑑賞の特性が表れていると言えるでしょう。

ふと気がつけば授業時間は残りわずか。藤野先生は、子どもたちから出てきたいろいろな意見を振り返ってから、積極的に授業に参加してくれたことへの感謝を示して場をまとめました。

「もっとお話ししたいんだけど、今日のアートゲームはこれでおしまいです。今日もみんなと一緒に絵についていっぱいお話できて、とても嬉しかったです。みんなありがとう！」
開始からここまで三十五分間。残りの十分間は「ふりかえりシート」にそれぞれの意見を書く時間として、この日の授業は終わりました。

いかがでしょうか。以上はあくまでも一つの事例に過ぎず、どのような話がなされるかは題材や参加者によって千差万別です。が、対話型鑑賞を使った授業の基本的な流れや、ナビゲーターの関わり方や、場の雰囲気について、なんとなくイメージをつかんでいただけたのではないかと思います。

一方で、このような授業が実際どんな意味を持ち得るのか、他の教科でも本当に応用できるのか、あるいはどうすれば実践できるのかなど、さまざまな疑問をお持ちになる方もいるかもしれません。次の章では先ほどの授業を振り返りつつ、そこで何が起きているのか、使われているテクニックやその意味合いについてご説明していきたいと思います。

第4章 対話が生まれる理由

授業の中で起きていること

前章では小学三年生を対象に行われた対話型鑑賞の授業の模様をご覧いただきました。授業は「ライブ」なので、常に同じようなやり取りが行われるわけではありません。発言が途切れずに出続けるとは限りませんし、ある意見に触発されて他の意見が積み重ねられていくような展開が必ず生まれるとも限りません。前章の事例を、成り行き任せで、たまたまうまくいった例であるかのように思われた方もいるかもしれません。

とはいえ、完全に成り行き任せで、出たとこ勝負なのかといえば、そんなことはありません。ナビゲーターがさまざまな働きかけを行うことで、発言や対話が生まれやすい環境を生み出しているのです。

この章では、先ほどの事例もふりかえりながら、対話型鑑賞を使った授業の中でどんなことが起きているのか、ナビゲーターのさまざまな働きかけにどんな意味があるのかをみていきましょう。

「教える人・教わる人」ではなく「みんな」

対話型鑑賞を使った授業では、普通の授業にある「教える人（先生）」と「教わる人（生徒）」という関係性がありません。

前章の愛媛大学教育学部附属小学校の授業の例では、藤野先生という教員はいますが、その役割は「ナビゲーター」であり、「教える人」ではないのです。実際、授業の中で藤野先生が何かを子どもたちに教えている場面は一度もありませんでした。

教える人・教わる人ではなく、「みんな」で一緒に話していこう、考えていこう、というのが対話型鑑賞のスタンスです。ナビゲーターと参加者の関係性はフラットなもの。これは従来の一般的な教育現場のあり方とは根本的に異なるため、学校の先生たちが対話型鑑賞を取り入れるとき、戸惑いを感じることもあるようです。これは先生たちに限りません。ともすれば私たちは、これまで慣れ親しんできた「教える人・教わる人」の関係性を暗黙の前提にした振る舞いをしてしまいがちです。

たとえば、人に発言を求める際に、「みんなの意見を聞かせてください」とか「あなたの考えを教えて」といった言葉を、つい使ってしまうのではないでしょうか。これは「みんなで一緒に話そう」とか「みんなで考えていきましょう」と呼びかけるのとは、意味合いが異なります。前者は「教える人」が、一段上の立場から「みんな」や「あなた」に要求しているのに対し、後者は話し手が聞き手と一体の「みんな」になっています。

些細な違いと思われるかもしれませんが、こうした言葉遣いを続けていくと、子どもたちの、そしてナビゲーター自身の「心の構え」が違ってきます。

言葉は力を持っています。「教えて」「聞かせて」では、「教える人・教わる人」という関係は変わりません。ここでは、次々と迫りくる「問い」に唸りながら一緒に考え続けていこうという姿勢が大事です。

もっとも、子どもたちにそう伝えていても、授業に慣れないうちは、(特に高学年になるほど)子どもたちはナビゲーターの顔色をみて、ナビゲーターが喜びそうな発言をしてくることがあります。でも、だからこそ授業の最初に「一緒にみていこう、みんなで話そう」と、声をかけ続けることが大事なのです。

対話型鑑賞を使った授業は、バレーボールに似ていると言われます。今日の対戦相手は目の前の作品であり、授業の参加者はみんな、ネットのこちら側にいる味方です。そしてナビゲーターは、参加者が自分の力で考え続けていけるようなトスを上げるセッターの役割を担っています。もしもセッターが、味方の動きをまったく考えずにトスを上げ続けたら、参加者はどうなるでしょうか。あるいはセッターであるべきナビゲーターが対戦相手の側にいて、ネットの向こうからボールを打ち込んできたら……参加者はびくびくして、ボールにおびえてしまうかもしれません。

「一緒にみていこう、みんなで話そう」と伝え、フラットな関係性をつくることが、よい対話の場をつくるために欠かせない第一歩です。

「つぶやき」から問いが生まれる

豊かな「対話」を生み出すために必要なものは何でしょうか。

それは「問い」だと私は考えています。作品について鑑賞者が抱く「ここに描かれているものは何だろう?」「なぜこんなふうに描かれているのだろう?」といった問いを、その人の中にとどめておかずに出してもらい、みんなで共有していくことが必要です。その

ために ナビゲーターは、参加者が問いを見出すことを手助けし、生まれた問いを拾い上げることへの意識を持っていなくてはなりません。

たとえば、授業が始まった直後、視覚教材をみた子どもたちから、次のような声が上がることがあります。

「えーっ⁉」

あるいは、どっ！と笑いが起こったり、「うーん」と唸る声が聞こえたり。それまで賑やかだったのに途端にしんとしてしまったりもします。

こうした直感的な反応は、対話を実りあるものにしていくヒントになります。

「みんな、今の『えーっ⁉』って何？　どこからそう思ったの？」

こんなふうに問いかけるだけで、発言が次々に出てくるでしょう。


また、作品をみているときに突然発せられる子どもたちの「つぶやき」は、問いの原石であり、深い対話への入り口となり得ます。予告なく発せられるので、聴き漏らしたり、一見その授業とは関係のない内容に聞こえてスルーしてしまったりしがちですが、優れたナビゲーターはそれを聞き逃しません。

前章では、《唐獅子図屏風》をみた小学生の子どもたちは最初「昔の絵みたい」「むっちゃムキムキや」といった発言をしていました。これも（この事例では使われませんでしたが）「昔の絵みたいって、どこからそう思ったの？」「ムキムキって、どこのこと？」と問いかけると話の糸口になります。

私がうかがったある小学校では、授業の冒頭、画面に映し出された少し滑稽な表情をしている人物の画像をみた男の子が、ボソッと「Y先生（ナビゲーター役の担任の先生）に似てる……」と洩らしたことがありました。こうした場合、Y先生と子どもたちの間に信頼関係ができているなら、「えっ！　私に似てる？　いったいどのへんが似てるの？」と問いかけることは、よい「トス」になります。きっとそう思った理由が語られるとともに、クラスのみんなから笑いが起こり、その場の緊張が解け、場が伸びやかになっていくはずです。

このような「つぶやき」には、いくつか典型的なものが存在します。子どもたちに言われてドキドキするつぶやきの代表格は、

「わからん……」

というもの。困った顔をしてこんなことを言われたら、選んだ視覚教材が良くなかったか、と焦ってしまう人もいるかもしれません。

みなさんがナビゲーターだったら、この「つぶやき」をどう受け止めるでしょうか。

私が以前この「わからない」に直面したのは、高校生を対象に授業をした時のことでした。おもしろくなさそうに「わからん」と発言した高校生に対し、とっさに私の口をついて出たのは「わからないことを『わからない』と言うのは、勇気がいることだ。すごい！」という言葉です。緊張が走っていた空気が、ふっと緩んだような感覚がありました。そして、その勇気をクラス全員で讃えた後、「では、わかっていることは何だろう？」と思考の整理を促し、そこから、「これは何なのだろう？　何を意味するのだろう？」と目の前の作品に向き合っていくことができました。

実際、対話型鑑賞では「正解のない問い」に向き合うわけですから、「わからない」は当たり前なのです。

「わからない」に対してポジティブであること。これもまた、対話型鑑賞を使った授業を行ううえで大切なスタンスと言えます。

なお、「つぶやき」は必ずしも言葉だけで表現されるとは限りません。

たとえば、ある学校での授業で次ページの作品をみたとき、右下の青い着物を着ている子と同じポーズをとって、考えをめぐらせている子どもがいました。その子に「どんな

《常盤御前》沖冠岳　紙本着色　一幅　37.5 × 61.8cm　個人蔵

感じがする？」と話しかけると、「周りは雪が降っていて寒そうだけど、こうすると温かい」という答えが返ってきました。

そこでナビゲーターは「じゃあみんなで同じようにやってみよう」と提案。クラス全員でその温かさを共有した後、「他にも温かさを感じるところはあるかな？」と子どもたちに問いかけ、対話がスタートしたのでした。言葉ではなく身振りで表現されていた「つぶやき」をうまく拾い上げた例と言えます。

つまり、大事なのはパターンをマニュアル的に覚えることではなく、目の前の参加者のことをみて、彼らの発言の奥にあるもの、彼らが言おうとしていることをキャッチする想像力を養うことです。

授業が始まったら、そのときから対話は始まっています。同じチームである参加者たちの声や表情、動きをよくみながら、どうすればみんなの力を一〇〇％引き出せるかを考え続けることが、ナビゲーターには求められます。

「どこからそう思う?」の効果

「みんなでみていこう」というスタンスを共有し、作品の第一印象から生まれた「つぶやき」を拾い上げて最初の問いを見出すことができたら、場がだいぶ温まってきます。

ここからが対話型鑑賞のおもしろさが真に発揮される時間となります。その胆となるのが、すでに紹介してきた、

「どこからそう思う?」

という問いかけの言葉です。対話型鑑賞のいちばんの基本と言うべき問いです。前章でも、藤野先生が三年生の子どもたちの発言に対して何度も「どこからそう思う?」と尋ねていました。それに対する返答を振り返っていただけると、この問いによって子どもたちの考えが引き出されているのがご理解いただけるかと思います。

「どこからそう思う?」には、関連し合っている以下四つの効果があると言えそうです。

1　さらに作品をみることを促す効果

まず、「どこから?」と問われることで、子どもたちはもう一度作品をみて、自分がそう

考えた理由――根拠となる箇所を作品の中に探そうとし始めます。
　実際に教室でこの様子をみていた、ある小学校の先生からは、「『どこから？』と問われると、子どもたちの視線が作品に戻り、考え始める様子がよくみてとれました。これには驚きました。この問いかけは、これまで考えもつかなかったので、今後使っていきたいです」という声をいただいています。

2　考えを引き出す効果

　次に「どうして？」という問いがともすれば理由・動機といった抽象的なものを対象とするのに対し、「どこから？」は作品の中の具体的な箇所を示すよう求める問いであるため、問われた人にとって答えやすい問いと言えます。考えをうまく言葉にするのが苦手な人でも、気になった点を挙げることから答えていけるため、この問いには考えを引き出す効果があるのです。

3　論理的思考を促す効果

「そう思う」きっかけとなった具体的な箇所を示すことは、自分の考えに根拠を添えることにほかならないため、この問いには論理的思考を促す効果があると言えます。

一見「なぜ?」「どうして?」という問いのほうが根拠を考えさせやすいように思う方もいるかもしれません。が、作品をみて「怖い」と感じた子どもに「なぜ」を問い続けても、「とにかくそう感じた」と、むしろ論理性を放棄して主観の領域に留まってしまう恐れがあります。場合によっては、そう感じたことを間違いだと言われているように受け取られてしまう恐れもありそうです。落ち着いて論理的に考えてもらうためには、「どこから」によって作品の中の具体的な箇所に意識を向けるよう促すことが有効と考えられます。

4 話を共有しやすくする効果

具体的な根拠に基づいて語られた意見は、当然ながら、他の人からみても理解しやすいものになります。これは対話に全員が参加していく上で重要なことと言えるでしょう。

このように、「どこからそう思う?」は参加者の思考を引き出し、論理的に話すことを促し、それを皆で共有しやすくする効果があると考えられます。

「どこから」と「どうして」の違いを検証

えひめ「対話型授業」プロジェクトでは、「どこからそう思う?」の効果を科学的に実証しようとする取り組みも行われました。内田洋行教育総合研究所・東京大学大学院の平野智紀主任研究員による、「どこからそう思う?」と「どうしてそう思う?」の違いについての調査です。

調査チームは、第三章で紹介した愛媛大学教育学部附属小学校の三年生二クラスを対象とする連続授業において、「どこからそう思う?」と「どうしてそう思う?」を使い分けて各四回の授業を行い、それぞれに対する子どもたちの反応を比較検証[※1]しました。

同一学校の別クラスでの実践であり、学力・学習状況は同程度と考えられるものの、あらゆる条件を同等にそろえられるものでもありません。それでも、調査結果は興味深い傾向を示していました。

次頁のグラフは二つの問いかけに対する子どもの返答を、「事実を述べているもの」「事実をもとにした解釈を述べているもの」「解釈を述べているもの」の三つに分類し、それぞれがどのくらい発言されたかを表しています（数値は四回の授業を合算しています）。

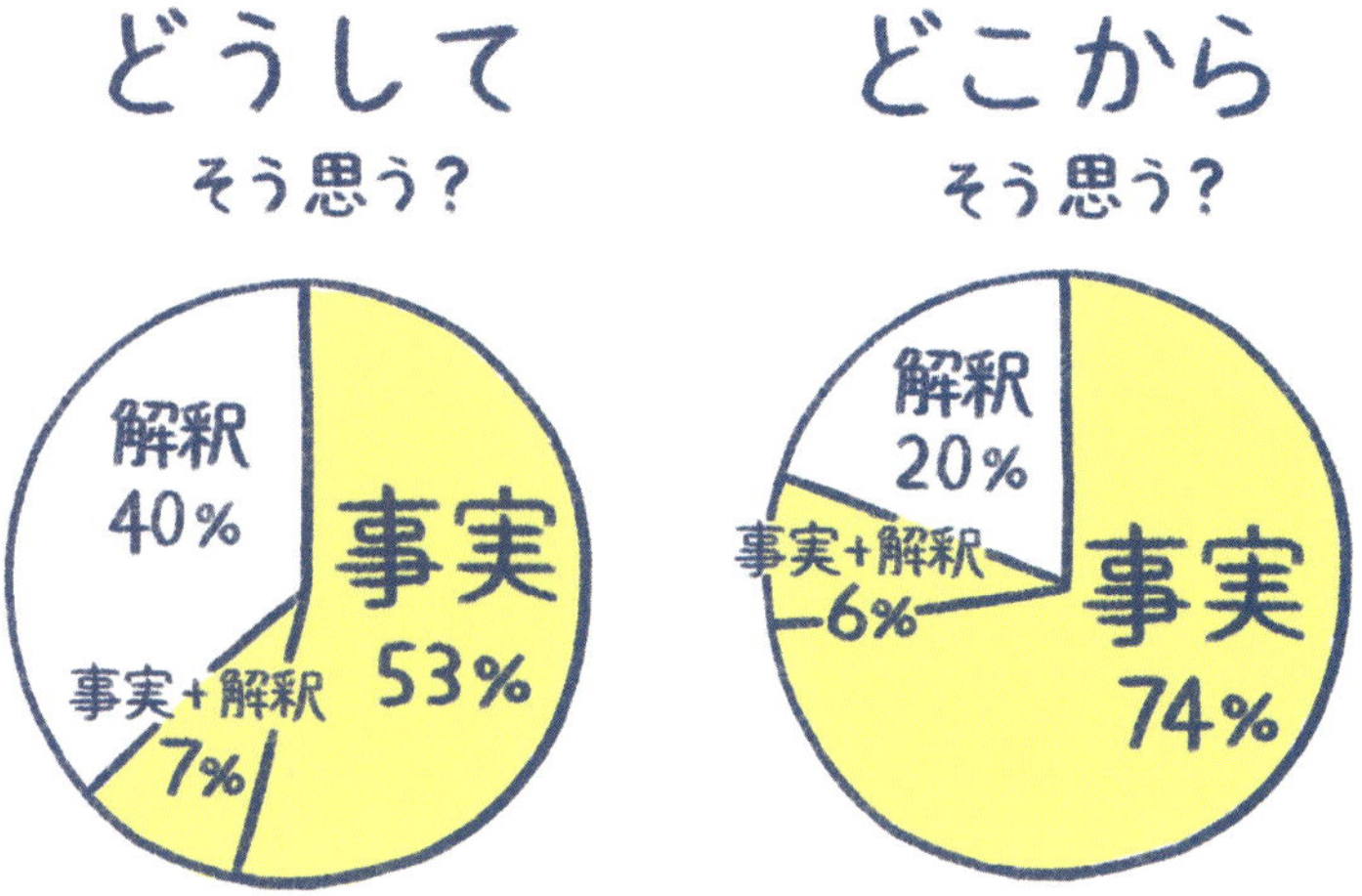

「どこからそう思う?」「どうしてそう思う?」への児童の返答の傾向の違い

事実に基づく、根拠のある意見を促すという「どこからそう思う?」の効果がどの程度かを検証するものです。

この円グラフからは、「どこからそう思う?」と問いかけたときのほうが、描かれている事実あるいは事実をもとにした解釈を述べることができた子どもが多かったことがわかります。発言全体の八割が事実に基づいたものであり、個人の主観による解釈でなされた発言は二割にとどまります。一方、「どうしてそう思う?」の場合は、六割は描かれている事実に言及できるものの、解釈のみでの返答が四割と多くなっています。

実際の授業中のやり取りを例にしてみてみましょう。第三章でも紹介したシーンですが、以下のやり取りでは、「どこからそう思ったの?」への返答として、作品中の具体的な事実が挙げられています。

児童　シーサーに似てる。
先生　シーサーって、どこの?
児童　えーっと、沖縄。
先生　じゃ、ここは沖縄?　シーサーに似てるっていうのは、どこからそう思ったの?
児童　えーと、顔?　毛とか牙もそっくりだから。

これに対して、「どうしてそう思ったの?」を使った授業の中では、《唐獅子図屏風》に描かれている動物を「雷獣」だとする発言が出て、以下のやり取りがなされました。

児童　雷獣はいろんなものに変身できて、地面に降りてくることがあって……。
先生　雷獣というのは不思議な力を持ったものなの? 雷獣だと思ったのはどうして?
児童　雷獣は、ほとんどはライオンの姿って言われていて。
先生　へえ、そんなことを知ってるんだ。
児童　こういう絵も一回みたことがあって、これとまったく同じ絵で……（後略）

この例では、「雷獣」という、子ども自身が過去にみたことがあるものに根拠を求め、雷獣についての説明を始めてしまい、作品の鑑賞から離れてしまっています。これでは先生も、他の子どもたちも、発言の根拠をよく理解できません。「どうしてそう思う?」では、こうした事態に陥る恐れがやや高くなるようです。

平野研究員の調査では、「どこからそう思う?」を使った回の方が、全体的にナビゲーターからの質問の数が少なかったという結果も出ています。これはつまり、「『どこからそう思う?』の方が、発言の根拠に早くたどり着くことができるため、子どもに何度も問いかけなくて済むのだと考えられます」と平野研究員は語っています。さらに、作品の中の根拠をもとにしてさらなる解釈を尋ねる「そこからどう思う?」という問いが使われる数は、「どこからそう思う?」を使った回の方が若干多くなっていました。

「どこからそう思う?」と問いかけた方が、発言の根拠が明らかになりやすいため、鑑賞者同士の理解も深まり、だからこそ、時間を有意義に使ってより深い作品理解に近づきやすいと言えそうです。

問いかけるタイミング

さて、この「どこからそう思う?」という問いですが、いつでもどこでも使えばよいというものではありません。先ほどの沖冠岳の《常盤御前》について、

子ども　人が三人います。
ナビゲーター　どこからそう思う？

これではナンセンスです。「事実」を指摘した発言には使えません。「どこからそう思う？」は、視覚教材について何らかの「解釈」が参加者から示されたときに使います。「解釈」とは、作品の中にある物事について、みた人の主観的な考えが示されることです。たとえば、《唐獅子図屏風》をみた三年生の子どもたちとの対話だと次のような部分で使います。

子ども　二頭がデートしている感じ。
ナビゲーター　わ〜お！　デート？　恋人同士ってこと？　どこからそう思ったの？
子ども　白いのがオスで、黄色い方がメス。身長と髪の毛が……。
他の子どもたち　あ！　確かに！

鑑賞者の発言が「解釈」かどうかを判断する簡単な方法の一つは、その発言の中に「きれい」や「怖い」と言った形容詞があるかどうかです。

子ども　この絵、なんだか明るい感じがして僕は好きです。

ナビゲーター　なるほど。明るく感じたのは、どこから？

子ども　椅子の色からです。僕はその黄色が好きです。

ちなみに、この「どこからそう思う？」は、トレーニングを積むと、学齢に達していない幼児でもきちんと根拠を持って答えられるようになります。※2 それだけ汎用性の高い、誰にでも通用するアプローチと言ってよいでしょう。

また、「どこからそう思う？」に慣れている子どもには、思考をもっと深めるための問いかけとして「そこからどう思う？」も使えます。

子ども　ここに描かれている女の人のブラウスはおとなし目な色なのに、スカートの色は華やかにみえる。

ナビゲーター　服の色がまるで真逆にみえるということだね。そこからどう思う？

子ども　う〜ん。もしかしたら、この人のいろんな気持ちを表しているのかも。

このように、「そこからどう思う?」がうまく使えると、さらに深い思考を促すことができます。ただし、「どこからそう思う?」にまだ慣れていない子どもたちに使うと混乱してしまうため、あくまでも基本に慣れた後で用いる、発展的な問いです。

ポインティングが共有を可能にする

「どこからそう思う?」と併せてよく使われるのが「ポインティング(指図)」です。

ポインティングとは、文字どおり今まさに目にしている視覚教材の特定の箇所を指し示すことです。前章の事例でも、先生が手で話題になっている箇所を指し示す場面が何度もありました。

ありふれた単純な行為のように思われるかもしれませんが、ポインティングは対話型鑑賞の場において重要な役割を果たします。それは参加者に態度で「あなたの話をきちんと受けとめていますよ」と示すことになるからです。

ポインティングの効果を確かめようと、小学校での対話型鑑賞の授業に際して、ポインティングをする授業としない授業を行ってみたことがあります。あくまでも私見ですが、ポインティングの有無によって子どもたちの集中度が違ってくるように感じました。

ポインティングのある授業では、クラスのほぼ全員がそのとき話し合っている一点をみているのに対し、ポインティングのない授業では、子どもたちの視線は視覚教材の他の箇所をみていたり、後ろの席の友達と話していたりしがちだったのです。

そして、ポインティングなしの授業が終わり、子どもたちが次の授業へ向かって去り始めたときのことです。二人の児童が意を決したようにナビゲーターの先生のところにやって来て、こう言いました。

「先生、お願いだから授業中は、画面を指で指してください。そうでないと、みんなでどのことを話し合っているのか、わかりません」

居合わせた調査スタッフ一同、思わず顔を見合わせた、嬉しい苦情でした。まさしくポインティングは「共有」を可能にするのです。

言い換え（パラフレーズ）が安心感をつくる

ポインティングとともにもう一つ、鑑賞者に対して「話をきちんと受けとめているよ」というサインになることがあります。それが「言い換え（パラフレーズ）」です。文字通り、発言内容をナビゲーターが別の言葉で「言い換える」ことです。

第3章の事例でも、子どもたちの発言を受けて、先生がしばしば他の言葉に言い換えていました。

子どもM　左側の動物が変だと思う。
ナビゲーター　変だな、っていうのはどこからそう思ったの？
子どもM　チーターでもライオンでもトラでもない。
ナビゲーター　なるほど。この姿形がMさんが知っている動物とは違うな、だからおかしいなって思ったんだ。

もう一つ事例を挙げてみましょう。一一三頁でも紹介している《徳川家康三方ヶ原戦役画像》をめぐる、子どもとナビゲーターのやりとりです。

子どもF　僕はこの人は貴族だと思います。
ナビゲーター　あら、貴族って思ったのはどういうところから?
子どもF　頭に被っている帽子から。貴族の人はそういうのを被っているから。
ナビゲーター　ああ、歴史の授業に出てきたねえ。

最後のところで、ナビゲーターが「ああ、烏帽子のことね」と言ってあげられれば、子どもたちの語彙も増えます。

言い換えには、参加者に安心感(受け止めてくれている感覚)を与える効果に加えて、子どもたちの語彙が増える、すなわち表現力がつく、そして発言内容が他の参加者にもわかりやすく伝わるといった効果があるのです。

もう一つ、相手の話に耳を傾けるためによく使われている方法として、相手の言葉を繰り返す「おうむ返し」と相槌があります。前章の授業の中でも「おうむ返し」がよく使われていることに気が付いた方も多いでしょう。

しかし、実はこの「おうむ返し」と相槌のみでは、相手は十分に「聴いてもらっている」感覚を得ることができません。またナビゲーター自身も徐々に相手の話の真意をつかみにくくなっていきます。対話が深まらず、表面的なやりとりになっていくのです。お互いに聴いてもらっているはず、聴いているはずなのに、なんだかおもしろくない、ということになりがちです。

たとえば《唐獅子図屏風》を使った、以下の対話を比べてみてください。

【おうむ返し編】

［ケース1］

子どもA　左側の動物が変だと思う。

ナビゲーター　変だな、っていうのはどこからそう思ったの？

子どもA　チーターでもライオンでもトラでもない。

ナビゲーター　なるほど。Aさんは、チーターでもライオンでもトラでもないから、この動物が変だなと思ったんだ。

［ケース2］

子どもB　（この動物たちは）親子ではないかも。友達かもしれない。だって、友達同士でも目と目が合って話すこともあるから。

ナビゲーター　なるほど。親子ではなくて友達かもしれないと。友達どうしは目と目を合わせて話すことがあるんだ。

子どもB　家族かもしれないし、友達かもしれない。

ナビゲーター　家族かもしれないし、友達かもしれないんだね。

［ケース3］

子どもC　左下のところ、さっき行き止まりだって言ってた人がいたけど、この崖のもっと手前にもう一つ道があって、そっちの方は火がないと思う。だけど、みんながこの動物たちは火に強いって言っているから、火のある方へ向かって行くか、普通の道を行くかを話し合っている。

ナビゲーター　左側の下の部分、さっき誰かが行き止まりと言っていたんだけど、この崖のもっとこちら側にもう一つの道があって、そこは火がないと思う、だけど、この動物たちは火に強いかもしれないって意見がみんなから出てきたから、今、火がある方へ行くか、こっちにあるかもしれない普通の道を行くか話し合っているんだ。

【言い換え（パラフレーズ）編】（言い換えの箇所にだけ線を引いています）

［ケース1］

子どもA　左側の動物が変だと思う。
ナビゲーター　変だな、っていうのはどこからそう思ったの？
子どもA　チーターでもライオンでもトラでもない。
ナビゲーター　なるほど。この姿形がAさんが知っている動物とは違うな、だからおかしいなって思ったんだ。

［ケース2］

子どもB　（この動物たちは）親子ではないかも。友達かもしれない。だって、友達同士でも目と目が合って話すこともあるから。
ナビゲーター　なるほど。他にもこう考えられるよって意見が出てきたね。

子どもB　家族かもしれないし、友達かもしれない。
ナビゲーター　どういう関係かはわからないけれど、仲が良さそうにみえるんだね。

［ケース3］
子どもC　左下のところ、さっき行き止まりだって言ってた人がいたけど、この崖のもっと手前にもう一つ道があって、そっちの方は火がないと思う。だけど、みんながこの動物たちは火に強いって言っているから、火のある方へ向かって行くか、普通の道を行くかを話し合っている。
ナビゲーター　へえ～、ここからは見えないけど、この辺りに別れ道があるかもしれないんだ。そしてこの二頭はどっちにする？って相談しているんだ。

いかがでしょうか。「おうむ返し」は、それ自体は新たな視点を持たないため、対話を広げたり深めたりする作用が乏しいようです。また、なんとなく形式的に対応していると いう印象もあります。ケース3のように長い発言でもそのままおうむ返しにしていると、発言者もまわりの参加者もうんざりしてしまうでしょう。「言い換え」では、発言の表現をちょっと膨らませる要素や、発言者の意図をより適切にくみ取ろうとする姿勢がみられます。そのため対話の広がり・深まりに寄与しやすいのです。
「おうむ返し」のもう一つの弱点は、無駄な時間がかかることです。時間に限りがある学校の授業の中で対話型鑑賞を行う際には、なるべく「おうむ返し」ではなく「言い換え」を使うことで、みんなが話すための時間を確保するのが望ましいと言えます。

もちろん、「言い換え」ることで、時には、発言者の意図との間にズレが生じることもあります。

私は授業で子どもたちの発言の言い換えを行った際、発言した子が「そうじゃないんだけどな」と困った顔をみせたり、「違う」と言われたことがあります。ナビゲーターを始めた最初のころはそれで落ち込んだこともありましたが、ズレが生じること自体は、実は大きな問題ではありません。
「言い換え」の目的は、相手の本当に言いたいことに辿り着くこと、それによって対話の質を高めることにあります。「違う」と言われたら、再度「こういうことかな?」と言い換えたり、子どもたちにもう一度お話ししてもらったりして、「本当に言いたいこと」に近づいていけばいいのです。

最初は間違ったとしても、一生懸命、彼らの「言いたいこと」を理解するために問いかける。そうしていると、発言した子を普段からよく知る周りの子どもたちが「それは、こういうことだよ」と私の代わりに「言い換え」をしてくれたことがありました。その授業はそれから、みんなを巻き込んだ賑やかな対話が進んでいきました。みんなの間に「聴いてもらえている」という安心感が生まれたからだと思います。

学びを後押しする情報提供

はじめて対話型鑑賞の授業をみた学校の先生たちから、よくこんなことを聞かれます。

「作者の意図や作品の美術史的な背景、技法を伝えなくてよいのでしょうか？」

「作品に関する知識は、授業後に子どもたちに自分で調べさせればよいでしょうか？」

つまり、この授業では知識をどのように取り扱えばよいのかという問いです。

みなさんはどう思われるでしょうか。私は、知識とは元来誰かから与えられるものではなく、自分で得るもの、その人が必要だと思った時に主体的に獲得されるものだと考えて

います。そのため、授業の中で子どもたちの気づきがあった場合には情報を提供していま
す。
子どもたちと対話を重ねてきた中で考えているのは、「子どもに考える自信と勇気を与え、挑戦を後押しする情報ならば、積極的に提供する」ということです。もう少し詳しく言うと、

対話の流れをよくみて、その場、その時、子どもたち自身が気づいていること、一生懸命考えていることについて、「それでよいよ」と背中を押すような情報、あるいは、わからないことに挑戦する気持ちを後押しする情報であれば、積極的に提供します。

情報を「教え込む」ことは対話型鑑賞の目的ではありませんし、本書の冒頭では「教えない」ことが主体的な学びにつながるという話をしました。情報とは子どもたちが主体的に考え続けるための「材料」です。情報を「教える」のではなく、情報によって子どもたちを「後押しする」。そういう視点で情報をとらえるべきだと考えています。
では、子どもたちの背中を押すような情報提供とはどういうものか。これには決まった形はありません。なぜなら対話型鑑賞の授業は、どんなに準備しても、当日はナビゲー

ターの思い通りに進むことがないからです。授業は生モノです。もちろん準備は大事です。しかしいざ本番を迎えたら、ナビゲーターにできるのは、目の前の子どもたちの表情や「考えの流れ」をよくみて、この瞬間、目の前の子どもたちの考える力に火を付ける情報をナビゲーター自身の引き出しの中から考えて、出すことしかありません。

次にご紹介するのは、松前町立北伊予小学校の六年生と行った授業での情報提供の様子の一部です。子どもたちと一緒にみた視覚教材は徳川家康の肖像画《徳川家康三方ヶ原戦役画像》ですが、最初は作品の人物が徳川家康であることは明かされていません。子どもたちは社会科の授業で江戸時代までは学び終えていますが、作品だけでこれが家康だと判断するのは難しそうです。ナビゲーターを務めた先生は、子どもたちの表情や発言の流れを意識しながら、情報提供を行っています。

ナビゲーター　では、みつけたこと、気づいたこと、考えたこと、疑問でも何でもいいので話していこう。
子どもA　座り方が偉そう。だから偉そうな人にみえる。
ナビゲーター　なるほど。でも座り方のどういうところからそう思ったの？

《徳川家康三方ヶ原戦役画像》（部分）　作者不詳　江戸時代・17 世紀　紙本着色
37.7 × 21.8cm　徳川美術館蔵　© 徳川美術館イメージアーカイブ /DNPartcom

子どもA　こう、右側の足を上に上げているところから。
ナビゲーター　A君の他にも、こういうことをみつけたよって人はいるかな？
子どもB　僕はこの人は悩んでいると思う。
ナビゲーター　へえっ！　それはどこから？
子どもB　顔の右側のところに手を当てている。「困ったな」って思ってる。それから眉も下がってる。
子どもC　私はこの人は恥ずかしそうにみえます。
ナビゲーター　あら、今度はまた違う意見が出てきたね。それはどこからそう思ったの？
子どもC　目の下のところが少し赤くて。……あ、泣いた跡？
ナビゲーター　この人の気持ちはどんなだろうね？　この人ってどんな人なのかな？
子どもE　私は、おじいちゃんにみえます。（子どもたちから笑いが起こる）
ナビゲーター　おっと。おじいちゃんだと思った。それはどこから？
子どもE　目の下と顔の周りの皺から。
ナビゲーター　ああ、この部分から年をとった人じゃないかと思ったんだ。あ、待って。みんな今「おじいちゃん」って言ってたけど、この人は男の人でいいの？
全員　（笑いながら）はい！

ナビゲーター　えー、それはどこからなのかなあ？
子どもA　だって口や顎に髭が生えてる。
子どもD　それに、肩の左側とかカクカクってしているから男の人だと思います。
ナビゲーター　なるほど。体が角張っていそうということかな。そうだね、この人は男の人です。他にも何かみつけたことはないかな？
子どもD　昔の人だと思います。
ナビゲーター　それはどこから？
子どもD　服装が着物だし、刀を差しているから武士だと思う。
子どもF　僕はこの人は貴族だと思います。
ナビゲーター　あら、貴族って思ったのはどういうところから？
子どもF　頭に被っている帽子から。貴族の人はそういうのを被っているから。
ナビゲーター　ああ、歴史の授業に出てきたねえ。
子どもG　僕もこの人はちょっと偉いと思います。
ナビゲーター　どこからそう思う？
子どもG　その脇のところに立派な刀を差しているからです。
ナビゲーター　なんだか、この人の身分は何だろうって話になってきたねえ。他にもこの子どもC　人の身分について意見がある人いる？
ナビゲーター　お金持ちかも？
子どもC　おお！　お金持ち？　それはどこから？
ナビゲーター　座っている椅子が高級そう……。
子どもC　ええっ？　椅子のどんなところが？
ナビゲーター　椅子の先の、クルってなってるところが。
子どもH　僕は、この人は武士かもしれないけれど、今は戦っていないと思います。
子どもH　新しい意見が出てきたね。今は戦っていないってどういうこと？
着物の半分、脇のところがふんわりしているからです。もしも戦いの最中だったら、そうなってはいない。
ナビゲーター　ああ、こんな風にゆったりしていないと。
子どもA　今の意見にちょっと付け足しです。この絵は江戸時代の絵ではないと思います。
ナビゲーター　それってどういうこと？
子どもA　今、明治時代のところを習ってるけど、明治にはこんな着物の人はあまりいない。それから、江戸時代は天下泰平の世だから戦いがない。だから、

ナビゲーター　これは室町時代か戦国時代かも。
なんだか歴史のことまで出てきたね。それからこれまでの発言で気持ちや服装・身分のことまで出てきたね。さあ、他にもないかな？

子どもＩ　僕はこの人は悔しそうだと思います。

ナビゲーター　悔しそう！　どこから？

子どもＩ　口の歯のところが……。

ナビゲーター　あ、この歯のところ？　みんなみえる？　みえない人はもう一度前においで！（子どもたちが画像を確認する）そうかあ、上の歯が下の唇にぎゅっと覆いかぶさってるね。（ナビゲーターがマネをしてみる）もしかしたら悔しいのかもね。他にもないかな？

子どもＡ　やっぱり偉そうかも。で、この前に誰かいて、自分のこういうポーズをした姿を描かせてる。

ナビゲーター　この人の前に、誰か絵を描く人がいるってこと？　すごいね。ここにはみえないものを考えてくれてるんだ。

子どもＣ　履いている草履が透けてみえます。

ナビゲーター　ああ、ここだ。新しい意見が出てきたね。いいね。そこからどう思う？

子どもC　ん……なんだか薄っぺらい？

ナビゲーター　ええっ！　おもしろい意見だね！　今までのみんなの意見だとこの人は身分が高そう、お金持ちみたいって出ていたのに、足もとは弱弱しくみえるという意見が出てきました。

子どもB　手袋をしている。

ナビゲーター　そこからどう思う？

子どもB　この手袋は、工事現場の人が使うやつみたいな……。

ナビゲーター　ああ、なるほど。この手袋は手を温めるためのものではなくて、工事現場の人が手を守るために使うものっていうことだね。……みんな、今までの話で、身分や服装や気持ちなど、いろいろ出てきましたが、この人の名前は徳川家康です。

子どもたち　ええーっ！

子どもX　なんで？　俺、秀吉かと思っとった。

子どもY　教科書の家康と違う……。

子どもJ　俺、知っとった。

ナビゲーター　おお！　みんな！　J君がこれは家康だと知っているんだって！　すご

い！（J君、少し照れている）じゃあ、ちょっとJ君に話してもらおうか。
J君、知ってることをみんなに話してみて。

ここで提供された「これは徳川家康です」という情報は、子どもたちの「この人は武士かもしれない」「戦国時代かもしれない」という意見に「やっぱりそうだったんだ」と自信を与えることにつながります。また一方で、「自分が知っている家康像と違う。なぜ？どうして？」と、この先も考え続ける挑戦を促すものにもなっています。対話はこの後も続いていきます。

このように、「教え込む」という形ではなく、自ら抱いた「問い」に答えるかたちで提供された情報は、子どもたちに学び続ける自信と勇気、そして挑戦を与えるものになるのではないかと思うのです。そして、これこそが、子どもたち自身で本当に獲得した知識、子どもたちにとっての「活きた知識」となるのだと考えます。

本章では、対話型鑑賞を用いた授業において、豊かな対話や学びがどのように生まれるのかについてお話ししてきました。対話型鑑賞を使った場のあり方について、だいぶ具体的なイメージをお持ちいただけたのではないかと思います。

それでは、このような対話型鑑賞の手法を、美術鑑賞だけでなく他の分野に応用したら、どんなことが可能になるのでしょうか。次の章では、さまざまな教科で実践された、対話型鑑賞を使った授業――「対話型授業」の取り組みをご紹介します。

NOTE

※1 平野智紀・鈴木有紀「対話型鑑賞のファシリテーションにおける「どこからそう思う?」の意味」『美術科教育学会北海道大会研究発表概要集』三〇頁、二〇一九年

※2 板井由紀・三宅正樹・渡川智子・似内達吉・沓水里美・田山真央・千葉雄也「はなぶさ保育園対話型鑑賞プロジェクト」『2013年度アート・コミュニケーションプロジェクト報告書』二〇四―二一五頁、京都造形芸術大学、二〇一四年

第5章

さまざまな分野で「対話型授業」

本書の冒頭で触れたように、二〇二〇年から導入される新たな学習指導要領では、「主体的・対話的で深い学び」の視点に立った授業を行っていくことが大きなテーマとなっています。「主体的・対話的で深い学び」について、文部科学省の資料では次のように説明されています。[※1]

- **主体的な学び**……学ぶことに興味や関心を持ち、自己のキャリア形成の方向性と関連づけながら、見通しを持って粘り強く取り組み、自己の学習活動を振り返って次につなげる
- **対話的な学び**……子供同士の協働、教職員や地域の人との対話、先哲の考え方を手掛かりに考えること等を通じ、自己の考えを広げ深める
- **深い学び**……習得・活用・探究という学びの過程の中で、各教科等の特質に応じた「見方・考え方」を働かせながら、知識を相互に関連付けてより深く理解したり、情報を精査して考えを形成したり、問題を見いだして解決策を考えたり、思いや考えを基に創造したりすることに向かう

これまでの章で対話型鑑賞の基本的な特徴や授業の模様についてみてきたみなさんには、対話型鑑賞が右に挙げた三つの学びを効果的に生み出し得るものだということがご理解いただけることと思います。

また、この新しい学習指導要領においては、「何を学ぶか」だけでなく「どのように学ぶか」も重視されていることがわかります。

学ぶ「内容」だけでなく、「学び方」から変えていくことが求められているのです。背景には、「これからの社会が、どんなに変化して予測困難になっても、自ら課題をみつけ、自ら学び、自ら考え、判断して行動し、それぞれに思い描く幸せを実現してほしい」[※2]という、時代認識に基づく思いがあります。

これを受けて学校教育の現場では、授業のスタイルを根本から問い直す動きが広がっています。新学習指導要領を一般向けに説明したリーフレット「生きる力　学びの、その先へ」[※3]では、次のような言葉でこれから目指すべき授業のイメージが語られています。

- 一つ一つの知識がつながり、「わかった!」「おもしろい!」と思える授業
- 見通しをもって、粘り強く取り組む力が身に付く授業

・周りの人たちと共に考え、学び、新しい発見や豊かな発想が生まれる授業
・自分の学びをふりかえり、次の学びや生活に生かす力を育む授業

そして今、このような授業を行う方法として注目されているのが対話型鑑賞なのです。美術教育にとどまらず、近年、さまざまな教科への対話型鑑賞の応用が始まっています。この章では、「えひめ「対話型授業」プロジェクト」でのいくつかの実践事例をご紹介します。

社会の課題を「自分ごと」として考える（社会科）

対話型鑑賞のアプローチの欠かせない特徴は、視覚教材を用いること。そしてみんなで一つのものをみることです。それができるのであれば、アート作品に限らず、写真資料やグラフ等も視覚教材になり得ます。

西条市立西条小学校六年生の社会科で行われた「対話型授業」では、二〇一一年の東日本大震災の被災地の写真が用いられました。「震災復興の願いを実現する政治」という単元の授業で、使われた写真は教科書に掲載されていた、宮城県気仙沼市南町の復興前後の様子を撮ったものです。

ナビゲーターを務めたクラス担任の今井孝輝先生は、子どもたちに社会の課題を「自分ごと」として捉えて関心を持ってもらいたい、という思いでこの授業を考案しました。

「六年生の子どもたちは、テレビや新聞のニュースなどで東日本大震災の被災地の様子は知っています。しかし、実際に被害者の方が何に困っていて、どんな願いを持っているのかを〈自分ごと〉として捉え、自分以外の誰かの思いや願いについて思いをめぐらせることができるようになってほしい。そんな思いを持っていたところ、対話しながら子どもたちの思考力を育てていく対話型授業の考え方に出会いました。震災直後の写真をじっくりみて対話することで、被災者の願いについて少しでも想像できるようになってほしいと思ったのです」

今井先生は、この授業を子どもたちに対する問題提起の場、学習の動機づけを行う場として捉え、「震災復興の願いを実現する政治」という単元の導入の授業として位置づけました。

教科書は机の中にしまわせて、教室内の大型テレビに津波で破壊された町の写真を映して、授業を開始。「みつけたこと、気づいたこと、考えたこと、疑問でも何でもいいので、みんなで話していこう」。

今井先生は以前から図画工作の時間に対話型鑑賞を取り入れていたため、子どもたちは大きな戸惑いもなく授業に入っていったようです。彼らは被災地の写真や映像はニュース等でみたことがあるはずですが、じっくり細かいところまでみつめて、気づいたことを言葉にしていく経験は、おそらく初めてだったことでしょう。

インパクトのある写真だったためか、発言は非常に活発だったようです。

「驚いたのは、普段ほとんど発表しない子が、写真資料からわかることについて発言できたことです」。いつもはリーダーシップをとっている子の発言に押されて黙ってしまいがちな子たちも、自ら手を挙げて発表してくれたとのこと。「本当に嬉しい出来事でした」と、先生は語ってくれました。

また、今井先生は、対話型鑑賞の手法をベースにしつつ、授業の進め方に独自のアレンジを加えていました。今井先生の勤務する西条市の学校では、普段からペアやグループでの「学びあい学習」が行われています。対話型授業に「学びあい」の考え方に共通するものを感じた先生は、両方の要素を混ぜ合わせたのです。授業は次のようなプロセスで進みました。

1　「震災直後の気仙沼市南町の様子」の写真資料から読み取れることを対話によって考え、共有していく。（個人→全体）

2　被災した人たちはどのような願いをもっているか話し合う。（小グループ）

3　何を優先して復旧を進めたいかを考え、理由も含めて発表する。（小グループ→全体）

4　1でみた写真資料の同じ位置から撮られた「復旧後の気仙沼市南町の様子」の写真資料をみる。

5　被災した人々の願いを実現するために、だれがどのように取り組んでいるのか考え、話し合う。（個人→全体）

6　「今度は、東日本大震災の発生後、町を復旧するための政治の働きについて調べていこう」という次の学習課題を提示して終了。

震災直後と復旧後の二つの写真を使い、次の学習課題に至るまでの流れ（ストーリー性）のある授業になっています。また小グループでの話し合いを取り入れたことで、子どもたち一人ひとりがより発言しやすい場になったのではと思います。

対話型鑑賞のアプローチで最初の写真資料を読み解いたことで、子どもたちが被災地の状況を自分に近づけて考えることができたようです。復旧の課題の優先順位について話し合うグループ学習では、活発なディスカッションが行われました。復興のあり方についてみんながそれぞれのイメージを膨らませた後で、今井先生は二枚目の写真を映し出しました。

授業の終盤、電子黒板に映し出された復興後の写真が最初にみた写真と同じ場所だとわかったときの彼らの驚きの声は、今でも忘れられない、と先生は語っています。

社会科の授業では、子どもたちに資料の「情報」を読み取ることに意識を向けさせる場面が多々あるものです。そういう授業では統計的な数値や事実情報を淡々と伝えることになりがちで、社会のあり方について主体的に考えるという機会は、あまりないかもしれません。

しかし、この対話型授業では、津波でこれだけの被害があった、これだけの死者が出た、といった情報の奥にある意味――そこに住んでいた人たちの生活がどのように変わったのか、その中にいる人が何を望んでいるのか、どういう願いがあるのか、といったことについて、子どもたちが自分自身に引き付けて、主体的に考えることができたようです。

授業の中では、町の復興のためにどのくらいのお金や時間がかかるのか、それはどのように賄われるのか、復旧作業の優先順位をだれがどのように決めるのか、などさまざまな「問い」も浮かび上がってきました。子どもたちが抱いた問いを、これからの授業につなげていきたい、と今井先生は語ってくれました。

子どもの問いから始まった授業（国語）

「なぜ、お地蔵さまは、婆さまも探しているんだろう？」

松前町立北伊予小学校の二年生の国語の授業。有名な「かさこじぞう」の話を読んでいるとき、一人の子どもがふと、こんな疑問を口にしました。

「六人のじぞうさ、かさことってかぶせた、じさまのうちはどこだ、ばさまのうちはどこだ」

六体のお地蔵さまが、雪の中、親切にしてくれたお爺さんの家を探して歩く、おなじみの場面です。しかし、よく考えると変だ、と言うその子の問いかけに、担任の新田淳先生は目を見張りました。

「お地蔵さんたちは爺さまのことしか知らないはずなのに、なぜ婆さまも探しているの？」

新田先生は以前から、クラスの子どもたちが休み時間は元気いっぱいなのに、授業になるとたんに静かになってしまうのを残念に思っていました。間違うことを恐れず、もっと積極的に手を挙げて、のびのびと意見を言ってほしい。いつもの元気さを授業の中でも発揮してほしい。そんな願いがあったといいます。

先生は、北伊予小学校で毎月一、二回行われている対話型鑑賞の時間に、子どもたちが実にいきいきとしていることに注目しました。わずか二十五分の「朝鑑賞」の時間ですが、子どもたちは毎回どんな絵をみるのか楽しみにしていて、他の授業とは打って変わって、進んで発言し、友達の意見にも耳を傾けているのです。

普段の授業でもこんなふうにならないか、と考えていた新田先生は、「かさこじぞう」に関する先ほどの女児の問いかけに「これだ！」とひらめきました。

対話型鑑賞では視覚教材が大事です。ですので絵や写真がなければ難しいと思いがちですが、先生は国語の教科書にある文章そのものを前に掲示して視覚教材とすることにしました。挿絵ではなく文章の中から、どれだけのことを読み取れるか、どれだけ根拠をもって自分の意見を語れるか。みんなで一つの文章に向き合えば、これも視覚教材になると考えたのです。

お地蔵さまがなぜ婆さまのことも探していたのか。その問いについて考えるため、先生はまず「婆さまがどんな人なのか話し合おう」という課題を設定。この対話型授業は次の流れで進んでいきました。

1 今回の学習の目的「婆さまの人柄について考える」を全員で確認する。
2 最初は自分だけで婆さまの人柄について考える。（教科書の中から、婆さまの人物像がわかる文章をみつけ、そこに線を引き、人柄について考える）
3 隣の席の子とペアになって、お互いに考えたことを意見交換する。
4 全体で話し合い、子どもたち自身で「解」を見出す。
5 授業の感想を発表する。

このような文章を使った対話型授業は、アメリカでは広く実践されていますが、日本では珍しい事例といえます。どのような展開になったのでしょうか。実際のやり取りを一部ご紹介します。

ナビゲーター　婆さまの人柄について、みつけたこと、気づいたこと、考えたこと、疑問でも何でもいいので話していきましょう。

子どもA　はい！　僕は、婆さまは気が合う人だと思いました。

ナビゲーター　気が合う人？　誰と？

子どもA　爺さまと。

ナビゲーター　ああ、爺さまと仲良しっていうことかな。どこからそう思ったの？

子どもA　二十一ページの十一行目に、爺さまが「もちつきのまねでもしようかの う」と言って、婆さまが、ほほと笑って「あわのもちこ、ひとうすばった ら」と言って、あいどり（返し手）の真似をしたので、気が合う人だと思いました。

ナビゲーター　あいどりの真似をした。ここですかね（掲示した文章に線を引きながら）。いいね。仲良しだな。

子どもB　僕は、もちつきのまねごとのところも。

ナビゲーター　なるほど。「もちつきのまねごとをしようかね」というところからも、仲

子どもC　良しだと思った（線を引きながら）。すごいねえ。

ナビゲーター　はい！　私は、婆さまは優しい人だと思います。二十ページの七行目の「さあさあ、爺さま囲炉裏に来てあたってくだされ」のところは、爺さまのことを気にしているから優しい人だと思いました。

子どもD　なるほど。ここからそう思ったと（線を引く）。みんな、他の友達と同じところを選んでもいいですよ。同じところでも、どう思うかは違うこともあるから。

ナビゲーター　僕もCさんが言ってくれたところの「さあさあ～」だけど、（笠が）売れなかったのに怒らないから、優しいと思いました。

（中略）

ナビゲーター　さあ、では、「なぜ、お地蔵さまがお婆さんを探していたか？」の答えは、みつかりそうでしょうか？

子どもたち　（教室のあちこちから手が挙がる）はい！　はい！

活発な意見交換がなされた後、子どもたちは当初の問いについて自分たちの力で「解」を見出し、発表することができました。

もともとこの学校の子どもたちは朝の対話型鑑賞の時間に「みる・考える・話す・聴く」を何度か経験していたため、今回の対話型授業にも入りやすかった面はあるでしょう。新田先生は授業の冒頭に、子どもたちに「絵をみるときといっしょだよ。文章の中からみつけたこと、気づいたこと、考えたことや疑問に思ったことに線を引こう」と声をかけていました。

友達と二人組になって意見交換するステップを入れたのは新田先生の工夫です。「一人で考えたことを発表する時よりも、ペアで意見交換した後の方が、発言が増え、友達の発言にも耳を傾けていたように思います」

また、文章中に線を引いた箇所は他の子と同じだけれど別の解釈をした子どもが、「○○ちゃんと一緒だけど、理由が違います」と自分の言葉で発表できたことに、新田先生は手応えを感じたようです。

授業の後、子どもたちは感想として「たくさん線が引けてうれしかった」「気持ちや周りの様子をたくさんみつけられて良かった」「線を引くとき、理由を書けて良かった」といったことを挙げました。文章の中にヒントを探し、自分の力で答えを見出していく過程を楽しむことができ、発言する自信にもつながったのではないでしょうか。

この事例は、子どもたちから出てきた問いをテーマにしたという点でもおもしろい取り組みです。自分たちが見出した問いに、自分たちで答えていく。「主体的な学び」を見事にデザインした対話型授業の事例と言えるでしょう。

手が教材に！ 二部構成で学びを深める（理科）

理科の分野で「対話型授業」を何度も行っているのが西条市立神戸小学校の宮崎雅延先生です。水の働きに関する授業で地滑りの映像を用いたほか、植物の観察や光に関する授業にも対話型鑑賞の手法を取り入れ、実践経験を積んでいます。

「みる・考える・話す・聴く」の四つの基本プロセスを意識的に行うと、子どもたちが授業に積極的になり始めることを宮崎先生は実感していると言います。

「授業が教員からの説明だけではなく、子どもたちの主体的な対話になる。そうすると、考えたことが自然に身に付いていくようです。クラスメートの意見から新たな発見が生まれるという過程も重要だと思っています」

幾度かのチャレンジを経て、宮崎先生は四年生の教科書の最後にある「人の体のつくりと運動」の単元において、対話型授業を行うことにしました。対話型鑑賞の手法では視覚教材が大切。X線写真や骨格の模型を使うことで、視覚的に訴える力が強く、子どもたちも考えやすい授業ができるのではないかと考えたのです。ユニークなのは、子どもたち自身の手を一つの視覚教材にしたこと。外側からみえる手と、内側をみせるX線写真とを比べながら考えることで、効果的な学びを促したのです。

この対話型授業は単元全体の最初の二時間を使って行われました。

一時間目　「自分たちの手」をみる・考える・話す・聴く（推論を立てる）

導入として、手の関節が伸びる人気漫画の主人公の手のイラストをみせた宮崎先生。子どもたちに、「自分の手と比べてみて」と話します。先生の予想どおり、幾人かの子どもたちが自分の手を動かし始めました。「いいねえ。ほかの人も、自分の手を動かして、よくみてみよう」と声をかけ、先生は対話型鑑賞の最初の問いを投げました。

「自分の手を観察して、みつけたこと、気づいたこと、考えたこと、疑問でも何でもいいから話していこう」

手のひらをみたり手の甲をみたり、握ってみたり開いてみたり、しばらくみて考える子どもたち。やがて、A君が手の内側の皺に注目して発言すると、B君がその皺の部分で指が曲がることや節目が固いことを指摘、C君が「そこは関節だ」と言うと、他にも数人の子どもたちが関節について自分自身の理解を述べ、話し合いが活発になっていきました。

通常の授業では関節についての説明は教師が行いますが、この時は知っている子が口々に、互いの知識を補いながら説明することとなりました。

それから宮崎先生は「自分たちの手の骨はどうなっているのか、考えてみよう」と課題を提示。まず個人で推論を立て、二人組になって意見交換（ペア学習）した後、考えられた推論をみんなで共有する、という順序で進みました。ここまでで一回目の授業は終わりです。

二時間目「手のX線写真」をみる・考える・話す・聴く（観察を深める）

二時間目は、手のX線写真が視覚教材として使われました。

教室の大型テレビに映し出された手の骨格の写真。自分たちの予想した骨の形との違いに、子どもたちからは驚きの声が上がります。宮崎先生が「気づいたことをみんなで話していこう」と呼びかけると、たくさんの手が挙がりました。

「僕の予想では全部の骨がつながっていると思ったけど、（写真では）つながっていないです」

「つながっていないって、それはどこからそう思ったのかな?」と宮崎先生。

「一つ一つの骨の間があいているから」

「なるほど。ここかな」とポインティングをする宮崎先生。

「私も予想では骨は全部つながっていると思ったんだけど、その隙間のところが、指が曲がるところだと思いました」

他の子たちも頷いています。

「親指の骨は三個だけど、他の指の骨は四個あります!」と鋭い指摘をした子も。

発言が相次ぎ、対話が進む中で、「骨と骨の間にある隙間は何だろう?」「骨どうしがバラバラにならないのはなぜ?」といった問いを自然に口にしていた子どもたち。そこで先生がタイミング良く提供した関節の役割についての情報に、多くの子どもたちが頷いていたのは言うまでもありません。

最後に、次の授業につなぐために先生は人間の全身骨格標本を取り出し、少しだけ全員で観察。みんな集中して標本を観察し、(かつて人間が猿だったころの名残である)尾てい骨の存在に気づいたり、「背骨の形が魚に似ている」という意見が出たりしました。次回の授業で扱う「脊椎動物」のパートで先生が説明する予定だった話に、子どもたちは自ら関心を示したのでした。

この授業では、「通常は教師から説明してさっと通り過ぎるところを、あえて時間をかけて進んでみました」と語る宮崎先生。たしかに、関節の役割も尾てい骨の存在も、教えようと思えばすぐに教えられることでしょう。しかし、あえて「教えない」アプローチをとったことで、子どもたちは自ら問いを見出し、だからこそ普段より強い関心を持ってテーマに向き合うことができたようです。

安心できる場が生徒の力を引き出す（特別支援学級）

いくつかの実践事例を紹介してきましたが、いずれの事例でも先生たちから聞かされるのは、普段の授業では勉強の得意な子どもがどうしても目立ちがちですが、対話型授業では必ずしもそうではない子どもたちも積極的に発言する姿がみられる、ということです。

勉強の得意・不得意や成績の如何にかかわらず、みんなで学び合う授業をつくることができるのが、この手法の大きな利点の一つであるように感じます。

それでは、知的障がいと自閉・情緒障がいを持つ子どもたちにも、対話型授業は有効なのでしょうか。特別支援学級での取り組みをご紹介します。

西予市立宇和中学校の是澤充広先生は、特別支援学級の生徒を対象に、「いろんな絵をみてみよう」という授業を考案しました。特別支援学級には知的障がいと自閉・情緒障がいの二つの学級があります。また、すべての時間を特別支援学級で過ごしているわけではなく、通常学級の生徒と一緒に過ごす交流学級もあります。どんな生徒たちなのかについて、是澤先生はこう語っています。

「うちの特別支援学級の生徒たちは快活で、個人個人と話していると、みんなおもしろい生徒たちです。でも通常学級の生徒と一緒の授業では、自分の思いを伝えることへの苦手意識が強まり、周囲に対して遠慮がちな姿をよく見かけていました」

そこで今回、通常学級の生徒たちとの交流学級ではなく、普段から一緒に過ごす時間が長く、お互いに気心の知れている特別支援学級の友達の中で、自分の考えたことをのびのびと発表できる場を作りたいと先生は考え、対話型鑑賞をやってみることにしました。

授業は知的障がいと自閉・情緒障がいの二学級合同で、また一年生から三年生まで全員で実施。是澤先生と各学級の担任教諭との話し合いの中では、「自分の思いや考えをうまく表現できないため発表できない生徒や、発表はするが、考えを深めたり注意深くみることが困難な生徒がいる」という意見が出ていたそうです。そのため是澤先生は、次の四点に留意して授業を行うことにしました。

1　いきなり今回の授業を行うと驚かせてしまうので、一度体験させて、生徒たちに「慣れ」を作っておく。
2　授業の早い段階で、知的障がいの生徒に発表を促す（自信を持たせるため）。
3　鑑賞する作品は生徒たちが普段から興味を持っているもの・興味を持ちそうなものを選ぶ（今回は「魚がモチーフとして登場する作品」と「指が多いなど、どことなく不思議な印象の人物画」を選定）。
4　授業中は笑顔で、そしてナビゲーターの感情表現を若干大袈裟にする（子どもたちへの対応を平板にせず、声や話し方に抑揚や緩急をつける）。

予行演習を経て臨んだ授業では、港で水揚げをする漁師を描いた工藤和男の《朝凪》、作品の創作をしている画家自身を描いたマルク・シャガールの《七本指の自画像》の二作品を使って対話型鑑賞を行いました。

生徒たちの反応に是澤先生は驚きました。

知的障がい学級の生徒は授業の早い段階で指名し、気づいたことだけでもいいから発表させ、褒めていこうと先生は考えていました。しかし、本番では「思い」を伝えることに少しだけチャレンジしてはどうかと考え、生徒が発見したことに対し「そこからどう思う?」と問いかけてみたところ、思いがけず生徒の「思い」が返ってきたのです。

実際のやり取りの一部をご紹介します。

【工藤和男《朝凪》でのやり取り(一部)】

ナビゲーター　みつけたこと、気づいたこと、考えたこと、疑問でも何でもいいので話していこう。

生徒A　魚を持って、「どうだいこの魚、いいのが入ったよ」って、こっちの人に声を掛けている人がいる。

ナビゲーター　どこからそう思ったの?

生徒A　顔がこっちの方を向いているし、何か言っているような顔をしてる。

ナビゲーター　なるほど。こっち側には魚を買いに来た人がいるんだね。

生徒B　鯛やエイもあるよって言ってる。

《朝凪》工藤和男　2012 年　油彩・画布　194.0 × 162.0cm

ナビゲーター　どこにある？　鯛やエイ。
生徒B　箱の中のは赤いから鯛だと思う。声をかけているおじさんの後ろの魚は、平たい形をしてるからエイだと思う。
ナビゲーター　鯛はわかりやすかったけど、後ろのエイによく気づいたねえ。
生徒C　後ろの二人は、「網の中になんかおるぞ？」って言ってるみたい。
ナビゲーター　どこからそう思うの？
生徒C　左側の人に向かって、こんな格好して（描かれている人物の体勢のマネをする）覗き込むようにしているから。

【マルク・シャガール《七本指の自画像》でのやり取り（一部）】

ナビゲーター　みつけたこと、気づいたこと、考えたこと、疑問でも何でもいいので話していこう。
生徒A　自分の故郷を思い出しながら絵を描いているのだと思う。
ナビゲーター　どこからそう思う？
生徒A　右上にある風景は、周りの方がモワモワってなっとって、考えているようになっている。

《七本指の自画像》マルク・シャガール
1912-13 年　油彩・画布　127.0 × 107.0cm　アムステルダム市立美術館蔵

生徒B　それに付け加えて、この人は「考えているやつと絵が違う！」って消してるんだと思う。

ナビゲーター　どこからそう思う？

生徒B　指がいっぱいあるから。こうやってるから（手を振るような動作）、漫画みたいにいっぱいみえてるんだと思う。

生徒たち　うわぁ！　ほんとやあ！

生徒たちは、作品の中に描かれていることに基づきながら、想像力をはたらかせ、同時に自分が思ったことの根拠も絵の中にみつけてくれています。作品に描かれた人物の視線の先にあるものをみようとしたり、作品中の時間や場所を想像したりと、一つの作品から自分の考えをどんどん膨らませていたようだと先生は語っています。さらに、「それに付け加えて」と発言している例のように、他者の考えを聴いて考えることもできたことに、担任の先生も驚いたそうです。

ある生徒がまわりの友達に「大丈夫よ。言いたいことを発表したら、先生が言い直してくれるから」と話していたのが印象的だったと是澤先生は語っています。子どもたちはナビゲーターの言い換え（パラフレーズ）に気づき、感じ取っていたのです。うまく言えなくても先生が受け止めてくれる、と。

後日、是澤先生はある生徒の保護者から「対話型授業が楽しかった、と家で話しています」と聞かされました。また別の生徒は、授業の後で「こんな授業なら毎回受けたい。おもしろい」と伝えに来てくれたそうです。是澤先生は今後も特別支援学級の生徒たちのために対話型鑑賞を活用していこうと考えています。

算数、体育、地域学習…無限の応用可能性

ここまでに紹介した事例から、「対話型授業」の可能性の豊かさを感じていただけたなら嬉しく思います。アート作品の鑑賞に限らず、写真資料やX線写真や文章なども視覚教材として使えること。いわゆる勉強の得意な子だけでなく、苦手な子も、特別支援学級の生徒も、だれもが主体的に学べる授業ができること。対話型鑑賞の授業に小規模なグループワークを加えたり、二段階構成で学びにストーリー性を持たせたりと、先生たちの工夫

からも応用のヒントが得られるように思います。
もちろん、これまでみてきた以外にも、さまざまな応用の事例が数多く生まれています。「えひめ「対話型授業」プロジェクト」の中で行われた取り組みから、いくつか簡単にご紹介しましょう。

算数

五年生の「単位量あたりの大きさ・混み具合の比べ方」についての単元で、いつものように説明を行う前に、教科書内にあるイラストを使って実施されました。異なる大きさの三つの部屋に複数の人がいるイラストです。気づいたことを出し合っていく中で、それぞれの混み具合が異なっていることに子どもたちは着目し、どの部屋がいちばん混雑しているかを議論。混み具合をどのように判断したらよいのか、というこの単元の中心的な問いに自然に至りました。その後の授業への効果的な導入となったようです。(松前町立北伊予小学校、吉田忠將先生による授業)

家庭科

小学六年生の「くふうしようおいしい食事」という単元で、実際にあった出来事として、同年代の子どものある日の夕食として、栄養バランスの偏った献立の写真を使って実施しました。「これはみんなと歳の近い小学五年生の女の子の、ある日の夕食の写真です。おうちで用意されていたご飯にその子の好きなものがなかったから、食べたいものだけ食べようとしたら、こんなメニューになりました。みんな、この食事、どう思う？」という問いからスタート。みんなで問題点を出し合った上で、その子の栄養状態を改善するための献立をグループごとに考え、発表しました。栄養バランスについて、子どもたちは主体的に考え、理解を深めることができたようです。（松前町立北伊予小学校、宮内惠里子先生による授業）

体育

小学三年生の「跳び箱運動」の授業で、映像を使って対話型授業が行われました。踏切・着手・空中姿勢・着地の四つの動作に注目するよう促し、スロー再生の機能も使って何度もみんなで映像を確認しながら、どうしたら上手にできるかを議論。適宜、先生が子どもたちの発言に対して「どこからそう思う？」と問いかけ、対話を通して子どもたちは上手に行うためのコツを見出すことができたようです。その後、グループに分かれ、お互いの様子を観察し合い、四つの動作ができているかを確認。それぞれの課題を見出して、うまくできていない子にできている子がアドバイスをする等、子どもたち同士で話し合いながら取り組んでいきました。（松前町立北伊予小学校、能仁大心先生による授業）

図画工作

対話型鑑賞はアート作品を用いて実践される例が多いのですが、子どもたち自身が作った作品を互いに鑑賞し合うという形で取り入れた事例もあります。小学一年生の授業で、グループに分かれて粘土やさまざまな素材を使って好きな食べ物を作るという造形遊びをした後、お互いの作品について感想を伝え合いました。先生による「どこからそう思う?」の問いに、一年生の子どもたちはしっかりと根拠を示して感想を言うことができました。

この授業を考えた先生は、作品を作る過程や、授業以外の何気ない子どもたちとのやりとりにも、対話型鑑賞の問い「どこからそう思う?」を取り入れていました。学校生活のいろいろな場面で「どこからそう思う?」を繰り返し使う中で、子どもたちは自分の考えたことの根拠を自然に先生や友達に伝えられるようになっていったそうです。（松山市立堀江小学校、西川章子先生による授業）

地域学習（理科）

近年、身近な地域の特色や社会の出来事について見学や調査を通して学ぶ「地域学習」が重要視されるようになっています。対話型授業はこれにぴったりの方法かもしれません。地域の風景や歴史に関する写真、地域の特産品・工芸品などを使うことで、さまざまな地域学習の授業をデザインできそうです。

松前町立北伊予小学校では、愛媛県総合科学博物館の山根勝枝学芸員をナビゲーターとして招き、「愛媛の大地はどうやってできた？」という授業を六年生のクラスで実施しました。ちょうど理科で地層について学んだ直後のタイミングということで、授業に使われたのは、西予市の須崎海岸にある約四億年前の地層の写真。みんなでじっくり観察し、地層の色や方向、石の大きさなど、気づいたことを出し合った上で、写真中の大きな岩がどのようにして形成されたのかについてグループに分かれて推論を立て、発表を行いました。「巨岩は山側から転がってきたのだろう」「地下からの圧力で出現した（隆起した）のではないか」「大陸から移動してきた」「地震のような大きな力で傾いた」等、さまざまな説を提唱した子どもたち。授業の中では山根学芸員から、研究により明らかにされている事実は伝えられましたが、子どもたちの考えた他の説が当てはまる地層も各地にあることも伝えられ、全員の推論が実を結びました。身近な素材を活用することで、地域への関心が高まるとともに、理科で学んだことへの理解も深まったのではないかと思います。（愛媛県総合科学博物館　山根勝枝学芸員による授業）

この章では、美術鑑賞以外のさまざまな分野に対話型鑑賞の手法を応用した、「対話型授業」の実践事例を紹介してきました。あなたが学校の先生なら、ご自身のクラスで対話型授業を行うアイデアが思い浮かんできたかもしれません。お子さんのいる方なら、日々の子どもとの会話の中に「どこからそう思う？」を取り入れるなど、お子さんの主体的な学びを後押しするヒントを感じていただけたのではないでしょうか。

教育機関に限らず、企業内で人事やマネジメントに携わる方の間でも、対話型鑑賞のアプローチは徐々に注目され始めています。立場を超えて行う対話が社内のコミュニケーション改善に役立つという期待があるだけでなく、主体的な学びを引き出す効果が期待されているようです。たとえば、新入社員の研修として、社内の重要な業務に関わる映像を使った「対話型研修」ができるかもしれません。自社の歴史に関する資料を使って、企業理念や価値観を共有するための場をつくれるかもしれません。応用の可能性は無限にあるのです。

次の章では、自分の職場でも「対話型授業」をやってみたい！　と思った方のために、実践上のポイントをいくつかお伝えします。

NOTE

※1　文部科学省『主体的・対話的で深い学びの実現（「アクティブ・ラーニング」の視点からの授業改善）について（イメージ）』二〇一七年十月．

※2　文部科学省『生きる力　学びの、その先へ　子供の未来を支える皆さまと共有したい新しい学習指導要領』リーフレット、二〇一九年

※3　前掲、文部科学省、二〇一九年

第6章

ナビゲーションの実践

視覚教材のディスクリプション

本章と次章では、対話型授業を実際にやってみようという方のために、実践する上で大切になるポイントについてお伝えしたいと思います。

基本的にナビゲーターを務める方に向けてのお話です。現状その意向や予定のない方は、とばして第8章に進んでいただいて構いません。また、ここでは学校の先生をナビゲーターとして想定してお話しします。企業などで対話型鑑賞を実践したいという方は、ご自身の状況に適宜置き換えながら読んでいただければと思います。

これまでの章の中で、対話型鑑賞を使った授業の基本的な流れや主な手法はご紹介しましたので、本章では授業の前に行う準備と、授業の中でのナビゲーターの動き、そして授業後のふりかえりについてご説明します。つづく第7章では、授業を実施する際に陥りがちな失敗とその対策についてお伝えします。

対話型授業の準備としてまず重要なのが、視覚教材のディスクリプションという作業です。ディスクリプション（description）とは「描写・説明・記述」のこと。ここではみんなでみている作品や視覚教材について、丁寧に言葉で描写していくことを指します。

対話型授業において視覚教材はきわめて重要です。ナビゲーターを務める人は誰でも事前に、そこに何が描かれているか（映っているか）確認すると思いますが、大切なのは、それを言語化することです。そうすることで、漠然とみていたときには気が付かなかったことが整理されます。ディスクリプションのねらいはそこにあります。

たとえば、第3章の事例で使われた狩野永徳の《唐獅子図屏風》についてディスクリプションを行うと、次のようになります。

横長の作品のほぼ中央、金色の雲の間に二頭の大きな獅子が威風堂々と描かれている。向かって左側の獅子の体は白っぽく、胴体には苔が生えたような薄緑色の鱗か、亀の甲羅のような模様がみえる。顔は、歌舞伎役者が見得を切るように目を見開き、大きく開いた真っ赤な口の中には鋭い牙。一見怖そうにみえるが、獅子鼻の、どこかユーモラスな表情だ。動物なのに眉があるためか、どこか親しみやすさも感じる。この獅子の右横には一回り小さい茶色の獅子がいる。こちらの獅子の胴体にも濃い茶色で鱗のようなものが描かれている。風が下から噴き上げているのか、筋骨隆々とした二頭の獅子のたてがみや尻尾は、まるで炎のように勢いよく舞い上がっている。雲間にいるということは飛べるのだろうか？　鱗のような模様があるということは、水中でも生きられるのだろうか？　だとすれば、二頭は陸海空の王者なのかもしれない。

白い獅子は、茶色い獅子の様子を伺うように顔を横に向け、何か話しかけているかのようだ。一方、茶色い獅子は前方をみつめ、右の前足を上げて前進態勢をとっており、口は一文字にキリッと結ばれている。まるで「阿吽」の呼吸を思い出させるような二頭それぞれの口元からも、彼らはまるで親子か恋人、あるいは気心の知れあった仲間のようにみえる。

背景は、雲も切り通しのような道も金一色。画面の左上に描かれた　茶色い枯れた枝ですら、その周りにはまるで花が咲いたような模様が金色で描かれている。彼らが進んで行こうとしている先は暗い崖になっているが、これほど神々しい獅子が進めばこの深い崖も、金色に輝いていくのかもしれない。

ここまで書いて再度作品を見直したら、「白」と「茶」と書いた獅子の体の色を、

「銀」と「銅」と表現することも可能だと気づいた。だとしたら、「金銀銅」三つ揃った、豪華でおめでたい作品だと言える。

いかがでしょうか。皆さんもぜひ、親戚の誰かに、この絵について手紙を書くといったイメージでディスクリプションをしてみてください。コツは、大きなことから、小さなことを書いていくことです。そして、《唐獅子図屏風》をみていない人が、どれだけ的確にこの絵を想像できるかがポイントです。

言葉に置き換えるという作業を行うと、何がどこに描かれているかが経験として記憶されます。書くのが大変なら、呟いても構いません。ただし心の中で呟くのではなく、紙に書き出すか、声に出すことをおすすめします。アウトプットが大事です。

このディスクリプションは、視覚教材が作品でなく写真資料だったとしても同じように行います。文章を用いる場合は音読をしましょう。

こうしてじっくりと作品をみて、みえたことだけでなく、「自問自答」しながら、自分がそう思った根拠も言語化していきます。すると思わぬことに気づいたり、個々の要素の関連性がみえてきたり、時には最初自分が抱いたイメージとは随分異なった風にみえてくることもあります。だからこそ、きちんと書き出しておくことが大切なのです。作品の解釈とは、こうした過程を経て行われるものなのです。

ディスクリプションがとても大切であるもう一つの理由は、いったん授業が始まってしまえば、ナビゲーターが最優先でみなければならないのは、視覚教材ではなく子どもたちだからです。彼らの個々の表情、発する言葉のトーン、全体の雰囲気をみながら、どうしたら彼らが「なぜ?」「どうして?」と考え続けてくれるのか、ナビゲーターは常に考え続ける必要があるからです。授業前にディスクリプションを行い、授業中は視覚教材をみなくても何がどこに描かれているか、わかる状態にしておきましょう。

問いのシミュレーション

対話型授業を実践する上でもう一つ欠かせないのが、問いの準備です。

問いがあるからこそ私たちは、それを解き明かすために、本やインターネットを使って調べたり、現地を訪れたり、他者に尋ねたりします。そうする間に湧き上がってくる、あるいは出会う新たな問いに挑むことで、私たちは学び続けることができるのです。

つまり、問いは私たちの知的好奇心の源、「学びのタネ」なのです。対話型授業では、ステップに応じて三つのタイプの問いがあります。

一つ目の問いは最初にナビゲーターが子どもたちに投げかける問いです。二つ目の問いは、授業中、子どもたちの中に生まれる問いです。

しかし、いくつかの二つ目の問いの中には、実はそれ自体がすでに子どもたちの「答え」になっている場合があります。

たとえば《カラカラ帝》（一七三頁）をみた子どもたちからは、しばしば「この人、怒っているのかな?」という声が聴かれます。一見、問いのようにみえますが、これは「答え」です。なぜなら、この子どもの言葉の向こうには「この人は何を考えているのだろう?」という問いがあるからです。でも子どもたちはその問いに気づいていません。

そこで三つ目の問いの登場です。「答え」になってしまっている二つ目の問いに気づいたナビゲーターが、問いのかたちに戻して子どもたちに投げかけます。たとえば次のようなやりとりになります。

子どもA　この人……怒ってるのかな?

ナビゲーター　怒ってるって、どこからそう思ったの？

子どもA　眉毛の上のしわのところから。カモメが羽を広げて飛んでいるような感じにみえるところ。

ナビゲーター　なるほど。この部分をみてそう思ったんだ。みんな、この人って今、どんな気持ちなんだろうね？　他にも「この人の気持ちはこうだよ」っていう人いる？

子どもB　僕もこの男の人は怒っていると思います。

ナビゲーター　Aさんに賛成という意見だね。それは、どういうところから？

子どもB　目。目が上を向いてて、睨んでる。

子どもC　それは怒ってるんじゃなくて、考えているんじゃないの？

子どもD　私もそう思います。理由は唇が閉じたままだから。何かをみながら、考えているんだと思います。

子どもE　僕はこの人は悲しんでると思います。

ナビゲーター　悲しそうにみえるんだね。どこからそう思ったの。

子どもE　Aさんが言ってくれたように確かに怒ってるようにみえるんだけど、この人、この後、泣くんじゃないかなと思った。

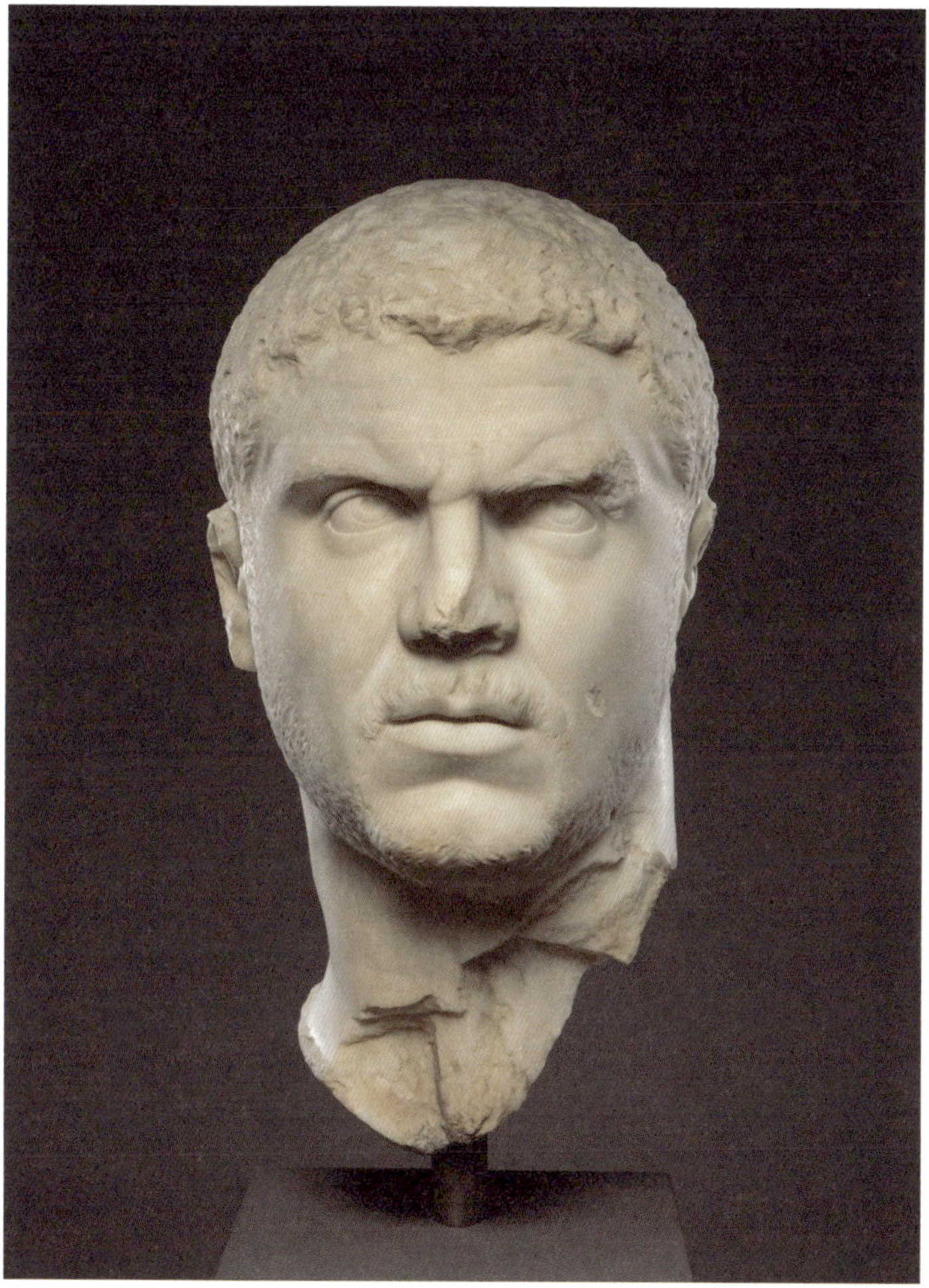

《カラカラ帝》作者不詳　212-217 年　彫刻　大理石　36.2cm（高さ）メトロポリタン美術館蔵

ナビゲーター　それは、どういうこと？

子どもE　僕がお兄ちゃんとケンカしたとき、時々そうなるから。腹が立つんだけど、涙も出てくるから。

ナビゲーター　ああ、なるほど。E君とお兄ちゃんのやりとりを思い出して、この人が次は泣き出しちゃうんじゃないかって想像してくれたんだ。

「怒ってるのかな？」という一言から、ナビゲーターはその向こうにある問いを言語化して子どもたちに投げかけました。「この人はどんな気持ちなんだろう」その結果、さまざまな発言が出てきました。これは一つの例に過ぎませんが、鑑賞者の発言を注意深く聴いていると、そこには「問いのタネ」があることがわかると思います。ナビゲーターはこのタネの存在に気づき、育てていく必要があります。

この「問いのタネ」を発見できるようになるには、経験も大切ですが、まずは授業前の準備をすることです。視覚教材のディスクリプションを行った上で、授業のシミュレーションを行います。授業はライブであり、思い描いた通りに進むことはまずないのですが、事前のシミュレーションによって、問いが生まれる場所をある程度予測することができます。

授業のシミュレーションは、二つのステップで行います。

1　発言のシミュレーション

まずは、視覚教材について、子どもたちからどんな言葉が出てくるのかイメージしましょう。先ほどディスクリプションの例でも使った、狩野永徳の《唐獅子図屛風》を用いてシミュレーションの練習をしてみましょう。

視覚教材だけをみて考えるのではなく、子どもたちの学校での様子や生活している周囲の環境等を考慮することが大切です。今回の設定は次のとおりです。

時期は二学期です。これから一か月後の、○月△日（□曜日）の二校時目、四年生のクラスで「対話型授業（鑑賞）」を行うことになりました。普段の授業でも子どもたちは物怖じせず発言する子が多いのですが、対話型授業の経験は初めてです。そのため四十五分間のうち、最初の十五分程は、野間仁根の《魔法の森》をみて、やり方を練習します。その後、本番の狩野永徳《唐獅子図屛風》をみていきます。子どもたちの学校がある地域は町の中心部ですが、秋になると、地域のお祭りが賑やかに行われ、子どもたちも参加します。学校の近くには神社もあります。

さて、彼らからどんな言葉が出てくるでしょうか？　四年生の子どもたちをイメージしながらシミュレーションしてみてください。たとえば、次のような発言が予想されます。

「筋肉ムキムキ」「尻尾が炎みたい」「尻尾が炎だから火に強そう」「髪の毛がくるくる」「獅子舞」「シーサー」「神社の狛犬」「おしゃべりしてる」「左側が雄で右側が雌」「親子」「友達」「白いのが雄で茶色のが雌」「金色の雲みたいなものがある」「雲に乗っている」「左側の木が枯れている」「金色に包まれているから、ここは天国」「周りが炎に包まれているから、ここは地獄」「左下に崖がある」「尖っていて強そうな爪」「縦の線が五本ある」「左下に漢字がある」「昔の絵みたい」「（尻尾の毛の流れから）風が吹いている」等々。

他にもたくさん挙げられるかと思います。授業の参加者である子どもたちをイメージしてどんどん出してみましょう。次に、予想した発言を分類してみます。

- 獅子の強さに関すること　「筋肉ムキムキ」「尖っていて強そうな爪」「尻尾が炎だか

ら火に強そう」

- 獅子の名称に関すること
  「獅子舞」「シーサー」「神社の狛犬」
- 獅子の姿形に関すること
  「髪の毛くるくる」「髪の毛カール」
- 二頭の行動に関すること
  「おしゃべりしてる」
- 二頭の関係に関すること
  「左側が雄で右側が雌」「親子」「友達」
- 作品中の色に関すること
  「白いのが雄で茶色いのが雌」「金色の雲みたいなものがある」
- 周りの様子に関すること
  「金色の雲みたいなものがある」「左側の木が枯れている」「金色に包まれているから、ここは天国」「周りが炎に包まれているから、ここは地獄」「左下に崖がある」「（尻尾の毛の流れから）風が吹いている」
- 作品の体裁に関すること
  「縦の線が五本ある」「左下に漢字がある」「昔の絵みたい」

このようにして、予想される発言の傾向をイメージできたら、二つ目のシミュレーションを行います。

2 対話のシミュレーション

視覚教材について子どもたちが考えを積み重ねやすい（深めやすい）対話の順序をイメージしていきます。

たとえば《唐獅子図屏風》なら、四年生の子どもたちは、どこから見始めるでしょうか。もちろん正解・不正解はありませんが、おそらく多くの子どもたちは、まず真ん中の二頭の動物、この作品の主人公である獅子たちに視線が行き、その後で獅子を取り巻く金色の背景へと目が移っていくのではないでしょうか。そう考えると、対話のおおまかな順序として、次のようなイメージを持つことができます。

1 みつけたこと・気づいたこと・考えたこと・疑問などについて話す。
2 獅子に焦点を絞り、獅子についての対話を行う。
3 背景に焦点を絞り、背景についての対話を行う。
4 獅子と背景を含めた全体について対話を行う。

このようにおおまかな流れをイメージできたら、先のシミュレーションで予想した発言の傾向をこの流れに当てはめながら、対話のシミュレーションを行います。

たとえば、獅子に焦点を絞って対話を行う段階では、まず「獅子の姿形に関すること」や「獅子の強さに関すること」に注目して話を広げ、獅子の印象をみんなで共有することを意識する。そして獅子についてひととおり対話を終えたら、次の背景について対話する段階に移っていく……。実際にどんなやり取りがありそうかもイメージしてみるとよいでしょう。

ここで大切なのは、子どもたちにとって「考えを積み重ねやすい（深めやすい）」順序で対話を進めるイメージを持つことです。もちろん、思い通りに進むとは限らず、子どもたちは最初から背景について話し始めるかもしれませんが、そのときは臨機応変に対応しましょう。その場合でも、事前に対話の流れをイメージしていれば、一つの話題から別の話題へとスムーズに話をつないでいきやすくなります。そして、子どもたちが考えを深めやすい流れで話ができれば、ナビゲーターも子どもたちが何について発言しているのかを整理しやすくなります。

なお、現実の対話はシミュレーションよりも百倍豊かです。だからこそ、思いがけない発言の数々に圧倒されてしまわないためにも、事前にできるだけシミュレーションを行って、イメージを持っておくことがナビゲーターには求められます。

実際に授業で四年生の子どもたちから出てきた言葉の一部をご紹介します。すべて載せると多すぎるため獅子に関することに留めますが、十分にその多様性を感じていただけると思います。

「体がムキムキ」「目が睨んでいる」「目が大きい」「白い方（左側の獅子）の牙がガッとなってて強そう」「胸の真ん中や脚のところにある線が強そうにみえる」「白い方の体の模様がはっきりしていて、白い方が強そう。金色（右側の獅子）の模様は薄いのでちょっと弱そう」「二頭の爪が尖ってて、強そう」「人間と他の動物との合体？」「顔は獅子で尾はドラゴン」「体が燃えている、尾は煙だ。水蒸気だ」「熱くても平気」「白い方の尻尾のとこは右から左に毛がなびいていて、黄色の方は反対になびいていて、そこにすごい風が吹いている。そして二匹とも踏ん張っている」「白い方の髪の毛？　がパーマ」「白い方の髪の毛はベートーベンみたい」「黄色い方の髪の毛は諸葛孔明みたい」「獅子舞」「カツラを被った獅子」「神社の狛犬！」「コマさん」「麒麟」「うちのマンションの入り口にこの動物がいます」「沖縄のシーサーだ」「私は四歳まで中国に住んでいたんだけど、中国でこの動物の絵をよくみました」「この二頭は友達」「兄弟」「家族」「お父さんとお母さん」「お母さんが子どもに『崖に気を付けなさい』と話している」「二匹は仲良し」「白い獅子はお母さんだ。丸い模様は卵。卵を背負っている。黄色い方にもあるから黄色いのは女の子だ」「子どもの時は黄色で成長したら白くなっていく」「丸い模様は足にもあるから卵ではない。それに丸いのは透き通っている。だからやっぱり模様だ」「あの模様は判子を押して墨を垂らした。ストローで付けたと思う」「歩いている」「沖縄に向かって『今日は楽しかったね』って言って帰っている途中」「長い間歩いたので、疲れて白い獅子がハアハア言っている」「たくさん歩くから筋肉がモリモリになった」「向こうは爆発しているから危ないよ、熱いから気を付けて、と話している」「行こうか帰ろうか相談している」

ナビゲーターの動き

対話型授業の実施中にナビゲーターが行う主な働きかけについては、すでに第3章や第4章でお話ししてきました。ここでは京都造形芸術大学アート・コミュニケーション研究センターの資料[※1]をもとに、対話型授業のナビゲーターの動きを整理しておきます。

コメントする

「それはとても面白い意見だね」「わー、すごい!」などのコメントを返すことで、子どもたちは発言する勇気を持つことができる。

子どもの考えを聴く「どこからそう思う?」

子どもたちが考えたことの客観的な根拠を確認する質問。

子どもの視点を広げる「他にはありますか?」

子どもたちに、いろいろな発言を促し、対話を広げる質問。さらに、常にもう一つの見方、考え方の可能性があることを示唆する質問。

子どもの考えを深める「そこからどう思う?」

「どこからそう思う?」で出てきた客観的な根拠から、子どもたちの主観的な解釈を引き出し、発想を広げていくための質問。

子どもの考えをもっと深める「さらにそれについて考えることはありますか?」

「そこからどう思う?」で出てきた主観的な解釈に「さらにそれについて考えることはあるか」と聴くことで、さらに考えを深めていく質問。これを繰り返すことで、子どもたち自身の観察力や思考力、コミュニケーション能力が刺激される。

指図(ポインティング)

授業中、今、作品のどの部分について話しているのかを全員で共有するために手で指し示して確認をする。また、ポインティングは発言した子どもに対して「あなたの話を聴いていますよ」とサインを送ることにもなる。

言い換え(パラフレーズ)

子どもたちはみたこと、思ったことなどを的確な言葉で語ることに慣れていない。ナビゲーターが別の言葉で言い換えることで、発言者自身の考えの整理にもつながり、子どもたちが新しい語彙を獲得することにもつながる。

焦点化（フォーカシング）

鑑賞中、子どもたちのみているモノやコトが分散している場合、みる箇所を絞って対話を進めていく。これによって子どもたちもナビゲーターも話しやすくなり、子どもたちの話し合いが積み上げられやすくなる。

結びつける（コネクト）

言い方は異なっていても、複数の人が実は同じことを言っていることがある。それを結びつける。まったく正反対の意見にも、実は共通点があることをみんなで確認する。「○○さんの言ってくれたことにも似ているね」「○○くんも同じところをみていたんだね」等。

たとえば、一人の鑑賞者が「この人は男だと思う」と言ったのに対し、別の鑑賞者が「私には女性にみえる」と言ったとする。まったく正反対の意見のように聞こえるが、二つに共通していることは「性別のはっきりしない人物が描かれている」ということ。共通点がみえると、新たな問いがみえてくるかもしれない。たとえば、「では、性別が不確かであることの意味を考えてみよう」といった問いが考えられる。

情報を提供する（インフォメーション）

子どもたちがその情報を活用する準備ができている時に情報を出す。情報の内容は、子どもたちの「みる」「考える」をさらに促すようなものを選ぶ。

1　子どもたちがすでに理解している事柄を確認しあえる情報
2　「やっぱりそうだったんだ」と思えるような、子どもたちが心のどこかで「そうじゃないかな」と思っていたことに関する情報（もやもや感の解消）
3　「え？　ホント？」と、子どもたちにさらなる洞察と思考を促す情報

適切な情報を適切なタイミングで与えられた子どもたちは納得し、勇気づけられ、安心して作業を続けることができる。しかも3の場合には、子どもたちは驚くとともに新たな問いに直面するため、より興味を持って鑑賞を続けることができる。（詳細は一二〇頁を参照）

全員を参加者にする

対話型鑑賞は全員で行う「会話のバレーボール」のようなものである。基本的には挙手した子どもを中心に進んでいくが、ナビゲーターは場をみながら、時に挙手はしていない

けれど真剣に作品をみつめている子、黙っている子どもにも「トス」を上げて、全員を対話に巻き込んでいく。

こまとめ（サマライズ）
それまでに出た意見や、その大意をまとめること。そうすることで、話の内容が整理され、全員で共有することができるので次の段階に移行しやすくなる。

ふりかえりをしよう

対話型授業では、子どもたちの成長の様子をみていくために、ふりかえり用のワークシートをよく使います。ふりかえりシートは、たとえば第1章で紹介したような感想を書くものや、授業後、対話の中で得た自分の気づきや感想を記入するものがあります。

このワークシートで重要なのは、子どもたち自身に気づきや感想を言語化してもらうこと

ふりかえりシート　**作品をみて話そう**　　　月　　　日

作品名：カラカラ帝　　　　名前：

書くときに気をつけること　☆どこからそう思ったのか？　みえたことを手がかりに
☆できるだけ詳しく、面倒臭がらずに
☆さらに、そこからどう思うのか？

授業のふりかえり	A　しっかり絵をみることができた	4	③	2	1
	B　絵をみてしっかり考えることができた	④	3	2	1
	C　自分の意見を言うことができた	④	3	2	1
	D　仲間の意見をしっかり聞くことができた	④	3	2	1
	E　仲間の意見を聞いて、自分の意見をより深めることができた	④	3	2	1
	F　このような鑑賞をまたやりたい	④	3	2	1
記述	(ア) みえているもの（根拠）を示しながら、自分の意見を書く	教員評価			
	(イ) さまざまな意見（ア）をもとに、そこからどう思うのかを考え、書く				

この像は白くてゴツゴツしているところから石で作られているとまず思いました。白い石で
└どこをみてそう思った？
できた像は、アリストテレスみたいに外国（ヨーロッパ付近）で、テレビなどで観たことが
└テレビの情報から考えたんだね
あったので、ローマの時代と分かりました。首がギザギザしていて平らに切ったような様子
└どのあたり？　　└なるほど
じゃないところから、故意に折ったのではなく、ギリシャ・ローマ時代に戦いで折れてしまっ
└わざとではないと思ったのはどこから？　└戦いで壊れたということかな？
たのだろうけど、この画像、首だけでも写真を撮られているということは、残したい何かが
あった、何かその時代に大きなことをした人じゃないかと思いました。目つきが、眉間にしわ
└それは何だと思う？
が寄っているところとかから、怒っているという人がたくさんいたけど、僕はこの目が肉が
┌何を訴えていたと思うのかな？
垂れていて、疲れ果てたように見えるので、何かを訴えかけていた人じゃないかと思って、
└どのあたりのこと？　└他にもみえていることから理由をみつけられないかな？
その人のその顔のイメージのまま作られたんじゃないかと思いました。
└この顔のイメージからさらに考えられることは？
どんなイメージをこの人からあなたは受けたのかな？

ふりかえりシートの例（島根県の中学校で使われているものを元に作成）
一本下線は「どこからそう思ったか」、二重下線は「そこからどう思ったか」を示すものと考えて先生がコメントを入れている

です。

そして、ワークシートに書かれた事柄について適宜、ナビゲーターが問いかけを行っていくことで、子どもたちにさらなる学びや言語化を促すことができます。提出されたシートにコメントを添えて返信するのです。

京都造形芸術大学アート・コミュニケーション研究センターの北野諒研究員は子どもたちの言葉を分析する際に着目するべきポイントを、次のように挙げています。[※2]

詳細な観察を行っているかどうか

アート作品であれ、歴史の古地図であれ、化学現象であれ、「画像」の視覚要素を的確に記述できているか、という観点です。《カラカラ帝》（本書一七三頁）を例にすると「目が上をみている」という記述をしている生徒がいたとします。その場合は応答として「どんな目なのか、もっと細かくみて書いてみましょう」とコメントし、詳細な観察を促します。教師側がそうすることで、子どもたちは「眉間に深いしわがある」「彫りが深くて、目に暗い影がさしている」「目の下にクマがある」など作品の要素がみえてくることで、次第に解釈を深めていくための素材が揃っていくのです。

根拠に基づいて解釈しているかどうか

「作品の○○というところから、△△だと思います」といったように作品に基づいた理由・根拠が記述できているか、という観点です。その理由・根拠が妥当かどうかも検討してみてください。たとえば「この人は怒っている、目が怖いから」という言葉に対しては、「目が怖いって、具体的にどんなところが?」「目の他にも、怒りを感じる部分はありますか?」というように応答し、より体系的な根拠づけを促していくことが重要です。

複数の見方の可能性を考えているかどうか

一つの結論や見方だけに留まっていないか、という観点です。たとえば「眉間にしわがよっていることから、怒りを感じる」という言葉の場合、「怒り以外の他の感情の可能性はないだろうか?」と訊いてみることが重要です。また「観察」と「根拠付け」のところにもう一度戻って、「眉間にしわがあるけれども、目の下にクマもある」ということが発見できると、自ずと解釈も変化していくでしょう。各観点はそれぞれが相互に関係しているのです。

異なる見方の共通点を探っているかどうか

複数の解釈を得た後で、どれか一つだけを選択するだけでなく「Aという見方とBという見方をあわせると、どういう見方になるだろうか」とさらに深く解釈を試みているか、という観点です。たとえば、眉間のしわから「怒り」を、目の下のクマからは「疲れ」を感じた場合、それをバラバラにしておくのではなく、「怒りと疲れが同時にあるということはどういうことだろう?」と異なる解釈を擦り合わせていくことが重要になってきます。

ふりかえりシートの実施と分析によって、授業後の子どもたちの変化の様子が、より詳細にみてとれるようになります。そして先生が子どもたちの言葉に応答することは、子どもたちのさらなる自信と成長を促すことになるのです。

よいナビゲーターはよい鑑賞者

ふりかえりは子どもたちだけでなく、ナビゲーター自身の成長にも欠かせません。ここではナビゲーターのための三つのふりかえり方法をご紹介します。

1 対話の文字起こし

文字起こしとは、録音機器等で採った授業中の全てのやりとりを文字に書き起こしたものです。時間がかかりますが、文字にすることで自身のやりとりを客観的にみることができます。授業中にはわからなかった自分の癖（例：子どもたちの発言を受け止める際「すごいね！」ばかりを使っている、おうむ返しばかりやっている等）や、子どもが本当に言いたかったことや、問いや情報提供の最適なタイミング等が客観的にみえてきます。

2 授業（対話）の様子を撮影する

次いでおすすめしたいのが、授業（対話）の様子を撮影して、自分を含めた教室全体を客観的にみる、というものです。

映像の中の自分の姿をみるのは気恥ずかしいので、最初は抵抗があると思いますが、実際に行うと、言葉以外の部分（動作や表情など）での自身の癖や、授業中はみえていなかった子どもたちの様子が具体的にわかり、自信がつくとともに、次回への改善にも役立ちます。

3　ナビゲーターとメンターによるふりかえり

メンターとは助言者という意味ですが、ここではともに対話型授業に取り組んでいる同僚、先輩、専門家等を想定しています。ともに取り組む仲間がいるなら、メンターになってもらいましょう。授業について①よいところや改善点について具体的に話し合い、②次回に向けての具体的な行動目標を作っていくとよいでしょう。具体的に行うことがミソです。一対一に限らず、仲間が三人以上いる場合はグループで行ってもよいでしょう。

また、対話型鑑賞のナビゲーションに取り組む仲間がいるなら、ぜひ実際に視覚教材を使って授業の練習をしてみてください。そのときはナビゲーター側だけでなく、鑑賞者側にも立ってみることをおすすめします。

「よいナビゲーターはよい鑑賞者である」と京都造形芸術大学アート・コミュニケーショ

ン研究センターの福のり子教授は常に言われています。また「ナビゲーターとは作品と鑑賞者をみる人」であるともお話されています。対話型授業（鑑賞）を実践していると、ついつい自分自身のナビゲーションのスキルアップにばかり意識が向きがちになりますが、鑑賞者としての視点や感覚を忘れてはいけません。自身が鑑賞者として、みて・考えて・話して・他者の言葉に耳を傾けた経験は、きっと子どもたちとのより創造的な対話へとつながっていくでしょう。

NOTE

※1　アート・コミュニケーション研究センター『ＡＣＯＰ：ナビゲーションをするにあたって』二〇一六年度

※2　福のり子・北野諒編著、春日美由紀・房野伸枝協力、前掲、日文教育資料、一八―一九頁、二〇一三年

第7章

よりよい学びの場づくりのために

対話型授業（鑑賞）のナビゲーションを始めたばかりの頃は、たいてい失敗します。何人もの子どもたちを相手に、それぞれの思考を引き出し、対話を生み出していくのは、見かけほど容易なことではありません。

発言しやすい「場」をうまく作れない、あちこちに派生する話をうまくまとめられない、対話から取り残されてしまう子がいるなど、いろいろな失敗があり得ます。どんなに経験を積んだナビゲーターでも、毎回何らかの失敗はあります。

失敗はできれば避けたいものですが、きちんと失敗と向き合うことは次の成功につながります。失敗もまた貴重な学びのタネなのです。

'Try again, fail again, and fail better.（何度でも挑戦しようという意味です）

これは京都造形芸術大学で対話型鑑賞に取り組む学生たちの合言葉です。そしてベテランになればなるほど、失敗——「転び方」が上手になっていきます。だから、初期の頃は何度でも「自分が転ぶ」ことが大事です。幼い頃の、補助輪なしで自転車に乗れるようになるまでの日々を思い出してください。大丈夫です！　大怪我はしません。

私を含めた多くのナビゲーターの失敗をみていると、その要因はナビゲーターの準備不足や言葉の遣い方など、つまりほとんどナビゲーター側の問題です。子どもたちのせいだったことは一度もありません。

この章では、よく相談を受けるものとして、「子どもたちの手が挙がらない」「話さない(一部の子しか話さない)」「創造的な対話にならない」といった課題について、全国のナビゲーター仲間の失敗事例を授業の流れに沿って紹介し、よりよい学びの場をつくるために注意するべきことを考えていきます。

最初は子どもたちが話しやすい場づくりを

CASE

最初に手を挙げてくれた子の発言が素晴らしくて、嬉しくなりました。もっとその子の意見を聴きたくて、その子への問いかけを続けてしまった結果、他の子の手が挙がらなくなってしまいました。そして最初に話してくれたその子の手も

挙がらなくなりました……。

この「素晴らしい」発言をした子に、後から授業の感想を聞いたところ、「自分としては気軽に言っただけなのに、ナビゲーターから猛プッシュを受けて驚いてしまった」ということでした。また周りの子どもたちは「(自分も発言したら)どんどん突っ込まれる」と思い、怖くなって手が挙がりにくくなった、とのことでした。

同様のケースとしては、授業の開始直後に出た発言に「どこからそう思う?」と根拠を求める質問をしたところ、その子の話がなかなか根拠にまで至らないため、ナビゲーターが何度も「どこから?　どこから?」と問い続けてしまい、その結果、他の子が萎縮して手を挙げなくなってしまった、という例もあります。

「どこから?」を問うことだけに意識が向いていてはいけません。せっかく最初に手を挙げて発言してくれたのだから、第一声はその勇気に「ありがとう」と伝えるところから始めましょう。

その視覚教材で大丈夫？

CASE

対話型授業に取り組んで三年目、自分の意見も根拠もきちんと話すことができ、他者の話にも耳を傾けられるようになってきた六年生の子どもたちに、葛飾北斎の《八方睨み鳳凰図》をみせたところ、途中から手が挙がらなくなってしまいました……。

この授業では、子どもたちも最初は「この鳥はいろんな動物が合体しているようだ」「現実にはいないと思う」等の発言をしていたのですが、途中から全く手が挙がらなくなってしまいました。

そこでナビゲーターが「なぜいつものように発言がないのかな？」と聞いたところ、子どもたちから「不思議な鳥であること、色が鮮やかであること以外に、今回は何を言っていいのかわからない」という返事が返ってきました。

何がよくなかったのでしょうか。

まず、視覚教材はみつけられる要素がある程度多い方が子どもたちは話しやすいです。たとえば、美しい富士山がたった一つだけ描かれたようなものだと、発言は出にくくなります。視覚教材のディスクリプションを行えば、子どもたちがみつけられる要素がどのくらいあるかもイメージできますので、事前に行うようにしましょう。ただしあまりにも要素が多いと、何が描かれているか列挙するだけで時間が終わってしまい、話があちこちに飛び、深まりにくいので注意してください。

また、この授業では作品の画像を教室内のテレビモニターで映していましたが、この《八方睨み鳳凰図》の実物は岩松院というお寺にある二十一畳の天井画で、実際にみると相当な迫力があります。大きさや描かれている場所にも特徴がある作品、絵の具の盛り上がりや質感に特徴がある作品、側面や後ろなど全体をみることで理解が深まると思われる作品は、できれば画像ではなく実物をみながら授業を行うことをおすすめします。

まずは基本、工夫はその後で

CASE

全員に一言ずつ話してほしくて、まず視覚教材の第一印象を全員に話してもらい、その後で対話をするという流れで進めようと考えました。しかし、実際には対話はいっこうに弾みませんでした……。

「なんとか全員に発言してほしい」。この授業はナビゲーターのそんな願いが伝わってくる授業でした。しかし、子どもたち三十名が視覚教材の第一印象を一言ずつ話している間、ある子どもから対話につながりそうな、そのことについてクラス全員で考えると良さそうな発言が出てきても、ナビゲーターは第一印象の発表を順番に行うことにこだわり、次の子を指名してしまいました。皆が話し終えたときにはすでに三十分以上も費やされていました。それから「他に意見はないかな?」とナビゲーターは問いかけましたが、子どもたちはすでに一言ずつ発言した後で、しかも第一印象を話しただけで考えを掘り下げていないため、「これ以上何を話せばいいの?」と言うように戸惑っていました。そのため対話も生まれませんでした。

この授業では、対話型授業の基本的な進め方をとらずに「一言ずつ順番に発言する」という独自の形をとったことが逆効果となりました。全員に発言してほしい、といった願いは大切なものですし、子どもたちのことを考えて進め方を工夫する姿勢も大切です。しかし基本から外れすぎると、対話を行う時間も、そのおもしろさも味わえなくなってしまいます。

どこからそう思う？　を忘れない

CASE

子どもたちから出ていた意見を自分（ナビゲーター）が勝手に察して授業を進行していたら、なぜか途中から対話が止まってしまいました。

対話が止まってしまった理由は、記録をみると明らかでした。ナビゲーターが不慣れだったため、「どこからそう思う?」をあまり使わず、子どもたちからの意見に対してナビゲーターの感想を伝えるだけで済ませてしまっていたのです。

授業中、子どもたちからは視覚教材に関する解釈がたくさん出ていました。にもかかわらず、ナビゲーターは「どこからそう思う?」とその根拠を聴くことなく次の発言へと進んでいったため、対話が表面的なところに留まってしまい、子どもたちの手もだんだん挙がらなくなってしまいました。

ナビゲーターは自分なりに個々の発言の根拠を解釈していたようですが、子どもたち自身にそれを言語化させること、そしてみんなで共有することをしなかったため、彼らの思考の深まり・広がりを促せなかったのです。

「どこからそう思う?」は子どもたちの考えていることを表出させるための大事な問いかけです。意識的にこの問いを使うようにしましょう。

対話は全員を巻き込んで行う

CASE

対話型授業はとても楽しいのですが、いつも決まった児童しか手を挙げません。また、ともすれば子どもと自分の一対一の対話になりがちです。どうしたら全員での「対話」になるのでしょうか。

対話は子どもたちが話してくれないと進まないので、手を挙げて発言してくれる子どもの存在はとてもありがたいものです。しかし、毎回発言するメンバーが固定されていては、話の幅も自ずと狭くなり、何より他の子どもに疎外感を持たせてしまいます。

第4章で述べましたが、対話型授業は会話のバレーボールです。ナビゲーター（セッター）は対話の流れと子どもたちの状態をみながら、たとえ手は挙がっていなくても「○さんの意見が聞きたいなあ」とか「○○君、手は挙がってないけど、さっきからすごく真剣にみてくれてるね」などと声をかけながら全員を対話に巻き込んでいきましょう。

ほとんどの子どもは、黙っていても、熱心に考えているものです。それに、いつどこに飛んでくるかわからない「対話のボール」は、クラス全体によい意味での緊張感を生みます。これは全員味方で挑む学びのゲームなのです。

目を合わせて話すこと

CASE

子どもたちの発言を言い換えること（パラフレーズ）も、指図（ポインティング）も行っているのですが、微妙に子どもたちの言いたい箇所、言いたいこととズレてしまいます。

これはいったいどういうことだろう？　とその先生の授業を拝見したところ、理由がわかりました。対話の最中、ナビゲーターの目が視覚教材の方にばかり向けられていたのです。これがズレを生む原因になっていました。

言葉だけ聴いているのでは、相手の「伝えたいこと」が十分に伝わってこないことがあります。とくに子どもの発言は語彙の不足などによって真意があいまいなことが多いものです。発言する人の目をみて、どんな表情でどんな口調で話しているのかをみて感じることを心がければ、「○○さんの言いたいことはこういうことなのかな」と、イメージの精度を上げていくことができるでしょう。

こういう授業を行うことで、ナビゲーター自身のコミュニケーション・スキルがアップしていくことを実感していただけると思います。

子どもたちが思考停止に陥るとき（1）

CASE

タイミングを間違えると授業が台無しになってしまうという恐怖から、情報を出すのがいつも怖いです。先日も情報提供をしたときに、緊張もあって、つい強い口調で「これは○○です！」と言ってしまいました。授業後のふりかえりシー

ト の中に「先生が○○と言っていたから、先生の言うことが正しいと思いました」といった記述が多くみられ、落ち込みました。

ナビゲーターは使う言葉に敏感になる必要があります。

この事例と似たような失敗例に、「実は」や「先生は調べたんだけど」という枕詞をつけて情報提供を連発してしまった例や、「先生、知っているんだけど聞きたい?」と言ってしまった例、他にも、子どもたちはそのことについて一言も発していないのに、先走ったナビゲーターが不用意に話してしまった、という例があります。

さて、このような形で情報提供が行われた瞬間、子どもたちはどう感じるのでしょうか。

それまでは「一緒に考えていこう」と先生(ナビゲーター)は言っていたのに、実際は「正解」らしきものを知っているのか。なんだ、自分たちでわざわざ考えなくても、先生が「正解」を「教えてくれる」んだ……。

そう、思考停止です。こうなると、もう対話にはなりません。この後の授業は一問一答に陥っていく危険性があります。

このようなナビゲーターの言葉遣い以外にも、指図（ポインティング）が早過ぎて、「そこまで話していないのに、先生（ナビゲーター）は何か知っている」と子どもたちに思わせてしまった結果、対話がぎくしゃくしてしまったという例もあります。

何度でも言います。対話型授業は、「教える・教わる」といういつもの授業とは違うのです。立場はお互いフラットです。みんなで一緒に授業を創っていこうという姿勢が大事です。

子どもの話を「聴く」ということ

CASE

高学年の授業で、子どもたちの発言を受け止める際、「すごいね！」を連発していたところ、途中から子どもたちの発言が少なくなってしまいました……。

前章でも触れたように、対話型授業では子どもたちの発言に対して「それはとても面白い意見だね」「わー、すごい！」などのコメントを返しながら対話を進めていきます。これは「あなたの言葉を受け止めましたよ」というサインになり、子どもたちに発言する勇気を与えます。

しかし、この事例のように受け止めの言葉が「すごいね！」だけだと、子どもたち――特に多感になり始める高学年の児童たちは「本当に聴いてくれているのだろうか」「なんだか嘘っぽい」と疑念を抱き始めます。

他にも、子どもたちがすべて話し終わる前にナビゲーターが途中で言葉を被せてしまったり、子どもたちが一生懸命に発言したことを後でナビゲーターが再度問いかけたり、といったことが何度も続くと、子どもたちの参加意欲が次第に失われていきます。

これらの原因は往々にしてナビゲーターそれぞれの癖にあります。それを直すには、自分の授業風景を録画してチェックすることや、ナビゲーター仲間にみてもらうことが有効です。ふりかえりによって改善していきましょう。

子どもたちが思考停止に陥るとき（2）

CASE

対話の終わりに、子どもたちに今日みた視覚教材についての情報を伝えたところ、「やっぱり答えがあるんだ」という声が一部から挙がりました……。

この授業では、子どもたちの考えていることに自信を与えたり、さらに考えを深めさせたりするために情報を出すタイミングが何度かありました。その流れの中で情報を出せば、対話はおおいに盛り上がっていたことでしょう。しかし実際には、情報提供することで対話を終える、という流れをとってしまいました。情報すなわち「答え」と思ってしまったナビゲーターが、途中で情報を出すことができず、最後にまとめて伝えてしまったのです。その結果、子どもたちから「やっぱり答えがあるんだ」と興ざめしたような発言が出てきたというわけです。

情報は「答え」ではありません。にもかかわらず、このように最後に出してしまうと、まるで「答え合わせ」のようになってしまいます。子どもたちに考えさせるだけ考えさせて、最後に種明かしのようにナビゲーターが情報を出す、というやり方が子どもにどう受け止められるか、考えてみてください。ナビゲーションを行う上では、はじめから終わりまで、授業全体をイメージすることが重要です。

情報は次の思考への橋渡しをしてくれることもあります。たとえば、威風堂々と錦雲から降り立つ二匹の獅子《唐獅子図屏風》についてじっくりとみた後、「この作品の大きさは、縦二・二四メートル、横四・五二メートルですよ」という情報を与えたらどうでしょうか？　きっと鑑賞者たちは、今まで自分たちが話し合ってきたことをふりかえりながら、この作品の大きさの意味についても新たな考察を積み上げていけるのではないでしょうか。

察しの悪いナビゲーター

対話型授業熟達への道は、場数と演技力です。

福のり子教授は、初めて対話型鑑賞のナビゲーターを務める女子学生が緊張していると、

「おまじないの言葉を唱えてごらん」とアドバイスするそうです。「私は女優」。

第5章で事例を紹介した小中学校の先生たちは、ナビゲーター役を行うことについて、次のように話してくれました。

「授業中は笑顔で、そして感情表現を若干大袈裟にしました（子どもたちへの対応を平板にせず、声や話し方に抑揚や緩急をつけました）。」

「時折、子どもたちからの思いがけない発言に戸惑うこともあるのですが、動揺を顔に出さないようにし、素直に驚いた表情をみせて、『どこからそう思ったの？』と問い返し、対話を続けています」

また、私はナビゲーターを務める先生方に、よくこのようにお願いしています。

「察しの悪いナビゲーターになってください」

これは、対話の中で、子どもたちが「あっちの○○が」といった言葉を発したとき、たとえ彼らの言わんとすることがわかったとしても、「あっちって、どっち？　右なの？　左なの？　上？　下？」と、問いかけるということです。話を全員と共有するためにも、子どものコミュニケーション能力を上げるためにも、わざとわからないふりをして、子どもたちに自分の伝えたいことを言語化して話すよう促していきましょう。

どんどん上手になっていくナビゲーターに共通していることが一つあります。それは、授業中、どれだけ緊張していても、子どもたちに真摯に向き合っている姿です。

子どもの発言の根拠を聴くために問いかけることも、目をみて話を聴くことも、子どもが情報をどう受け止めるかをイメージして適切なタイミングを見計らうことも、どれも目の前の子どもに意識を集中させるからこそ、できることです。

子どもたちは視覚教材を真剣にみています。その真剣さに負けないように、ナビゲーターも子どもたちと真剣に向き合う必要があります。そこがおざなりになった瞬間、子どもたちはナビゲーターのいい加減さを感じ、冷めていってしまいます。

授業を楽しんでほしい。学ぶことをおもしろがってほしい。真剣にみて、考えてほしい。そう子どもたちに望むならば、まずナビゲーターが子どもたちのことを真剣にみることです。対話が始まったら、視覚教材ではなく子どもたちと向き合うこと。ナビゲーターのそんな姿勢は、子どもたちにも必ず伝わっていきます。

第8章

対話型授業がひらく未来

本書では、対話型鑑賞を使って「学び」を促し、これからの時代にますます求められる能力――主体的に考える力、自ら問いを見出す力、正解のない問いに挑む力、人との対話を通して学ぶ力など――を効果的に育んでいく方法を、小中学校での実践事例を交えながらお伝えしてきました。

その応用可能性の幅広さから、昨今、対話型鑑賞への関心はさらなる広がりを見せています。美術だけでなく国語から体育までさまざまな教科に、小中学校だけでなく高校や大学、社会人向けにも、この新たな「学び方」が静かに広がりつつあります。

「教える・教わる」の関係を超えて、「正解・不正解」の枠組みを超えて、一人ひとりが主体的に学び、人々が対話しながら「正解のない問い」に向き合い、ともに納得のいく解をつくっていく。そんな学びと行動のスタイルが広がったとき、世の中はどんなふうに変わるのでしょうか。最終章となる本章では、対話型授業（鑑賞）の取り組みの先にみえてきている、社会の変化やその兆しについてみていきましょう。

高校野球部に対話型鑑賞がもたらした変化

島根県で数多くの中学生とともに対話型鑑賞に取り組んできた出雲市立浜山中学校の教頭、春日美由紀先生は、あるとき高等学校の野球部の監督から、部員の生徒たちについての悩みを聞かされました。[※1]

サインを見落とすことが多く、そのため連携プレーが上手にできない。試合中にもしばしば集中力が切れてしまう。ミーティングをさせても会話がつながらないので、監督にも部員たち自身の考えがよくわからないということでした。

いわゆる進学校ではなく、偏差値が高いとはいえない生徒たちです。野球部としての実力はまずまずで、甲子園出場を目指してがんばってはいるものの、もう一回り成長しなければ、というところのようです。春日先生は、野球部員を対象に対話型鑑賞の授業をやってみることを提案しました。

対話型鑑賞の授業では、いわゆる勉強の得意な子も苦手な子も同様に楽しみ、学ぶことができます。勉強の得意な子が必ずしも優れた発言をするとは限りません。勉強の得意な子が勉強の苦手な子の発言に「なるほど！」とか「そういう考え方もあるのか！」と感嘆したり賞賛したりすることがあります。普段は数学や英語がよくわからなくて小さくなっているような生徒が、俄然、存在感を増し始めます。

学力の優劣が大きく関係せず、誰もが平等に参加でき、思考力や表現力を高めていくことができる。そんな対話型鑑賞の利点は、野球部員の思考力や表現力を高め、部内のコミュニケーションの質を上げることにも活きるのではないかと春日先生は考えたのです。

こうして始まった、野球部員のみを対象にした対話型鑑賞の特別授業。監督の悩みを解消するために春日先生は、「みる力」、「集中力」、「考える力」、「発言する力」が確実に伸びるよう、戦略的に授業をデザインしました。

授業の進め方にも独自の工夫を凝らしました。たとえば、「話す」段階においては、アイマスクをして作品がみえない状態にした相手に、作品について「話して伝える」活動を行いました。[※2]「みる」「考える」「伝える（話す）」「聴く」を意識的に行わせるようにしたのです。

二時間の事前活動を行った上で、全五回の授業で五作品を鑑賞していきました。わかりやすい作品から、徐々に謎が多い作品へ。視覚教材の難易度が少しずつ上がっていく構成をとりました。

部員の生徒たちの反応は、回を重ねるごとに向上していきました。発言も増え、内容も深まり、他者の意見を踏まえた解釈（謎解き）ができるようになっていきました。活動後のふりかえりシートへの記述にもそれが顕著に見られました。回を追うごとに記述量が増し、解釈も深まりをみせていったのです。

そして、部活動にも変化がありました。監督の指示なしに自発的にミーティングを始め、気づいたことを部員同士で話し合うようになったのです。サインの見落としは減り、相手校の様子をよく観察して対策を講じるような発言も増えていったといいます。そして、夏の大会前の地区大会でチームは見事に優勝しました。

甲子園に向けての期待も高まりましたが、残念ながら強豪校相手の初戦で敗北。しかし粘りのある戦いを展開し、序盤はリードする場面もあった善戦でした。「対話型鑑賞の成果は十分に出ていた」と監督は語りました。

変化はここで終わりませんでした。前述のように決して偏差値の高い生徒が集まる進学校ではありませんが、三年生の部員の中に、大学進学を目指すという生徒が現れたのです。「三年生になるまでは就職希望だった生徒です。でも、『夏の予選で負けてから、もっと野球がしたくなった。大学に行って、勉強して教員になりたい』と言い出したんですよ」

監督は嬉しそうに春日先生に言いました。「先生のおかげです。たぶん、考えること、学ぶことが楽しいと思えるようになったんでしょう」

その生徒は大学に進学した後、以下の文章を春日先生に送ってきました。

私は、高校三年生の夏に対話型鑑賞を部活動の一環として行いました。それは、技術面の向上だけではなく、チームメイトや指導者などとの理解を深め、他のチームより組織として勝るためでした。それが、大学に入学して部活動を続けている現在にも活かされていると感じる場面があります。それは、自分の見えているもの、感じているものを言語化し、他者に伝えることです。たとえば、打席に入った際に、ピッチャーの球の速さ、球種、癖などをまだ打席に入っていないチームメイトに正確に伝えることができるというところです。それが、チームメイトとの信頼関係の構築やチームの勝利につながっているのではないかと感じます。この力は、今後のチームへの影響だけではなく、自身の新たな人間関係の形成にも大きく関わってくると考えているので、対話型鑑賞で培った力をこれからもさらに伸ばしていき、さまざまな発見をし、成長していきたいと思います。

この一文からは、対話型鑑賞を通してこの生徒の中に、汎用性のあるコミュニケーション能力や人間性が育まれていったことがうかがえます。

AI時代に求められる「自ら学ぶ力」

二〇一六年度の東京大学の入試で、少し変わった英作文の問題が出題されました。見慣れない写真の上に記された設問は「下の画像について、あなたが思うことを述べよ。全体で六十〜八十語の英語で答えること」。写真には、マットの上に寝転んだネコと、そのネコを指二本でつまめそうなほど大きくみえる手が写っています。ちょっと不思議な写真をみて、自分が考えたことを表現するよう求める問いなのです。

二〇一七年度の入試では、「あなたがいま試験を受けているキャンパスに関して、気づいたことを一つ選び、それについて六十〜八十語の英語で説明しなさい」という問いが出されています。東大だけではありません。一橋大学の入試でも、同じく英作文の課題として、画像（写真・イラスト・絵画）について考えを書く（二〇一六年度）、与えられたテーマから一つを選んでそのことについて当事者に宛てた手紙を書く（二〇一七年度）、といった問題が出されています。

他の大学・教科でも近年こうした問題がしばしばみられ、たとえば順天堂大学医学部の二〇一七年度入試では、兵士から食事を与えられている子ネコの写真をみて感じることを書くよう求める小論文課題が出されています。

これらの課題については、大学から主だった出題方針も、採点基準も明らかにされていないので詳細はわかりません。しかし、ここまで本書を読んできた皆さんなら、これは対話型授業で育まれる力と同様の能力を問われているのでは、と感じたのではないでしょうか。近年、大学入試においても、教科のテストで測られる学力だけでなく、観察力、論理的思考力、創造力、表現力、コミュニケーション能力など、汎用性のある「考える力」が求められる例が増えているように思います。

「なぜ？」「どうして？」と自ら問いを立てながら「考える力」が問われるのは、大学入試で終わりではありません。むしろその先においてこそ、真価が問われるようになってきています。社会のさまざまな面で変化が激しくなっている時代です。企業の採用活動でも、人材育成においても、不確実性の中で自ら課題を見出していける人材、未知のことにも自分の頭で考え答えていける人材が、求められるようになっています。

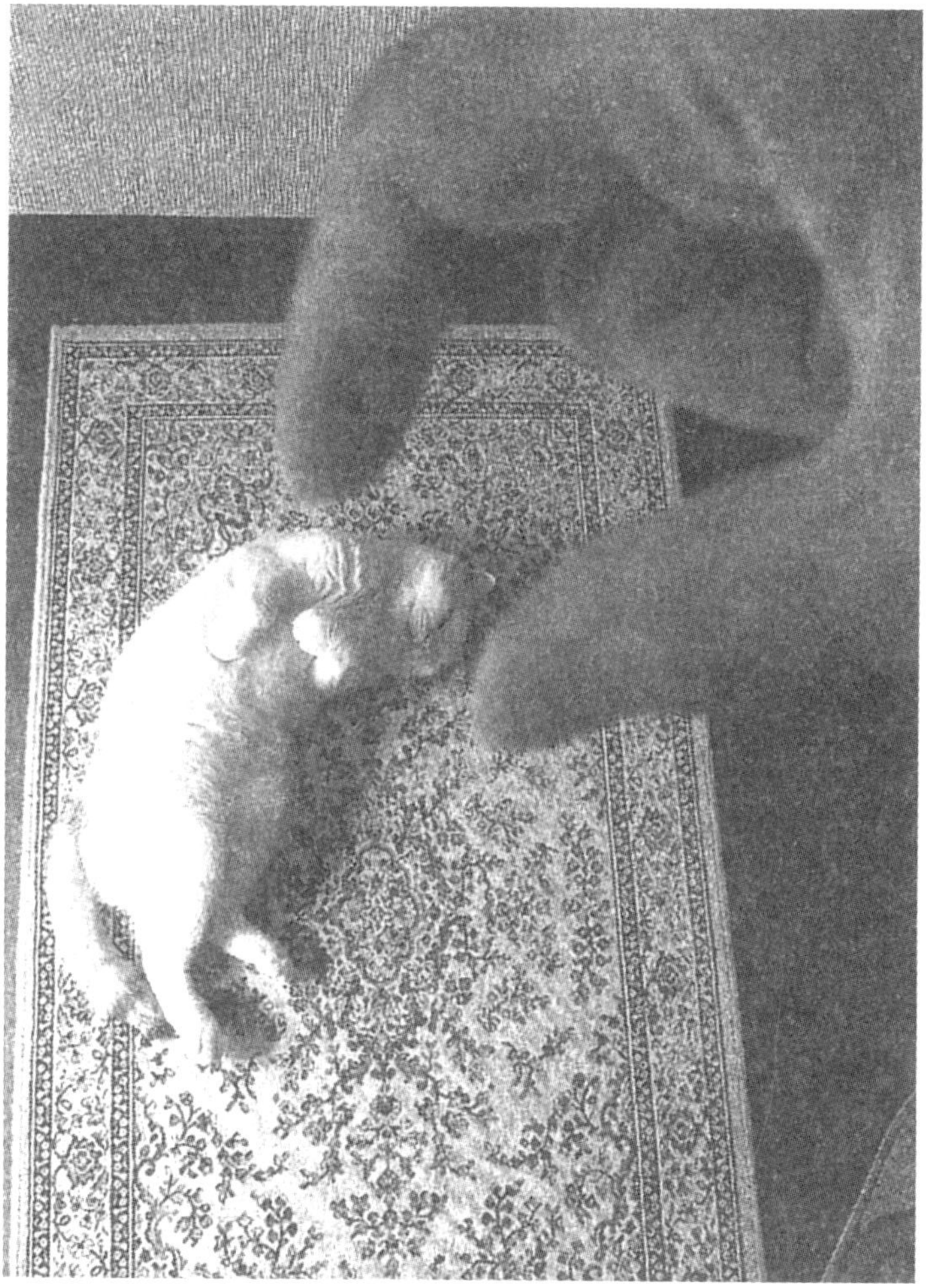

東京大学の2016年度入試の英作文課題で使われた画像

正解のない状態に耐え、考え、新しい何かを創造することは、決して楽ではありません。しかし、「主体的に考え続ける力」がますます求められる流れはもはや止まらないでしょう。ＡＩ（人工知能）の登場も、その流れを強く後押しするものにほかなりません。

ＡＩが今後どのような発展を遂げていくのかについてはさまざまな議論がありますのでそちらに譲りますが、「インプットされた膨大な情報を記憶し、数理的に分析し、一つの正解に迅速かつ効率的に到達すること」は、どうやらどんどんＡＩの仕事になっていくようです。だからこそ、考え続ける力——正解のないこれからの世界に挑み、考え、新しいものを創造する力が、人にはますます問われていくことでしょう。

日本の大学で対話型鑑賞を年間の必修科目として行い、学生たちを鑑賞者そしてナビゲーターとして育てているのは、おそらく京都造形芸術大学アートプロデュース学科だけだと思います。ここで行われているＡＣＯＰは、「アートとコミュニケーションの可能性を広げる活動を通じて、社会で主体的に生きることができる人材の育成」を理念として掲げています。

福のり子教授はＡＣＯＰについて次のように語っています。

ＡＣＯＰでは、知識は与えられるものではなく、問題が生じ、それを解決するために必要だと学生自身が感じた時に、主体的に獲得するものだとしている。教師の役目は、そのための「場作り」と「支援」である。

「正解」は一つとは限らないのも、この授業の前提だ。たとえ「事実」は一つでも、それが「意味」することは、それをみる／考える人、状況、社会によって異なってくるからだ。「あなたの真実（あるいは現実）」が「私の真実」だとは限らないし、「私の真実」すら、明日になれば変化するかもしれない。こういう複雑で不確実な「意味」を探求するためには、社会やそれを構成している人々、そしてその一員でもある自己とのコミュニケーションを図っていかなくてはならない。「意味」とは、一つの「正解」の中にではなく、コミュニケーションのなかで生成されていくからである。[※3]

多くの学生たちは、教師から与えられた課題に取り組むことには慣れていますが、自分で課題意識（問い）を持って考え続けよと言われると戸惑ってしまうようです。しかしＡＣＯＰの授業を受ける学生の多くは、ある時期になると、それまで漫然と見過ごしてきたモノやコトに対し、自ら立ち止まって「なぜ？」と考え始めるということです。学生たち自らがこういう状況を「ＡＣＯＰ症候群」と呼んでいます。

このような時期を経て自ら考え、学ぶ力――セルフ・エデュケーション力が付いた学生たちの一人はこう言っています。

答えのない問いに対して、答えがないからこそ考えることを学びました。そして考え続けていく中でたとえ「答え」を導くことはできなくても、その中でたくさんの「発見」に出会えることに気づけました。※4

別の学生はこんな経験も話してくれました。

就職試験の合同面接の場でのことです。会社の方から出されたのは、「〇〇をテーマに皆で話し合ってください」というものでした。私の周りは有名大学出身者ばかりでした。しかし、話し合いが始まると、それぞれが自分の意見を話すだけでいっこうに前に向いて進みません。私はおそるおそる司会をかって出ました。なぜならば、こういった異なる意見を持つ他者と「対話」し、結果的に最後まで互いの意見は異なったままだったとしても、相手が言う理由は認め、違いを認識した上で共通のグラウンドを探ってみようという姿勢を、ＡＣＯＰで繰り返し学んだからです。

働いて、笑い、学び続ける大人に

「大人っていいなあ。勉強しなくてすむから。早く大人になって好きな仕事をしたい」

小学生の頃、日々の勉強にうんざりしていた私は、幼い頭で周囲の大人を眺めながら、毎日のように将来の職業を夢想していました。

しかし、大人になってみて思い知ったのは、「学び」は一生続いていくということです。そしてその学びとは「おもしろい」ものであることも。

私は美術館に勤める学芸員ですが、美学や美術史が専門ではありません。美術大学で作品制作を学んだわけでもありません。大学では児童学を専攻し、愛媛県美術館に勤務する前は、同じ県内の歴史系博物館に勤めていました。ちょうど、博物館の世界でハンズ・オン（モノに触れることで気づきや学びを起こす）という手法が導入され始めていた頃です。ともすれば一方通行的な解説に陥りがちな歴史系の展示をどうしたら来館者と共有できるかと私も試行錯誤していました。しかしある日、予期せぬ異動がやってきて美術館勤務になったのです。

小学生の頃、図工の時間は大好きでした。特に写生大会など、絵を描く時間はウキウキしていました。懐の広い図工専科の先生がいたことや、親に唯一褒められた科目だったこともありますが、いちばんの理由は、自分の描きたいものを自分で決め、目の前の景色に近い色を、絵の具をあれこれ考えて混色して創り出したりするのが楽しかったのです。それは私にとって、「考える隙間」を与えてくれた科目でした。算数のドリルや漢字テストで常にスピードに追われていた私には、図工の授業は唯一、ゆっくり考えることのできる救いの時間だったと言っても過言ではありません。そして時々母親に連れられて行ったこともあってか、子どもの頃から美術館は大好きな場所でした。

しかし、当たり前ですが、来館者として行くことと、仕事として行くのとでは話が違いました。まず愕然としたのが、美術館では基本的にハンズ・オンの手法を使えないことでした。アート作品は触ってしまうと取り返しのつかないことになります。自分がこれまでやってきたことがあまり役に立たない。仕事に必要とされる美術史等の知識を得ようと多くの本を手に取りましたが、もはや丸暗記は無理な状態になっていました。私は無力感を覚えました。

異動後、三年が経とうとした頃、半信半疑で参加したのが、ＤＩＣ川村記念美術館で開催された三日間の「対話型鑑賞セミナー」でした。そこで私は、対話型鑑賞のナビゲーションによって、自分と向き合い、学ぶ意欲を取り戻したのです。

この対話型鑑賞ならば、それぞれの知的好奇心をスタート地点として、自ら進んで学んでいける。私もこの手法を使って、美術館と来館者のためにがんばろう。そう思いました。対話型鑑賞との出会いによって道が開け、私自身も学ぶ意欲、働く意欲を取り戻すことができたのです。

昨今、かつての私が経験したように、仕事に対する創造力や、「学ぶということ」への洞察等を促すために、ビジネスの世界でも対話型鑑賞の研修の導入が増えつつあります。「はたらいて、笑おう。」を合言葉に掲げ、国内外の九十社を超える企業群で労働・雇用の課題解決に取り組んでいるパーソルグループ（パーソルホールディングス株式会社）では、自社の社員を対象にした公募型研修の一環として、京都造形芸術大学アート・コミュニケーション研究センターと連携して二〇一六年度から「対話型鑑賞ゼミ」を実施しています。そこではアート作品を用いた対話型鑑賞プログラムのほか、「みる・考える・話す・聴く」をコンセプトとした複数のワークショップが実施されています。

ビジネスパーソンは対話型鑑賞の体験からどのようなことを学び得るのでしょうか。同研究センターのウェブサイトには、この対話型鑑賞ゼミに参加した人たちが残したコメントが報告されています。いくつかご紹介しましょう。

- 「自分がみている世界が全て」という根底の認識を覆す研修でした。世界は一つだが、それをみている「自分の世界」はみている人の数だけ存在するという頭ではわかっていたことを、体感として気づきました。「常に物事は多面的である」とワークショップ中に発言されたメンバーの言葉が印象に残っています。

- 自分が伝えようとしていることが半分も伝わっていなかったり、反対に伝えてもらっていることを半分も受け取れていなかったり……自分が普段どれだけ会話を「省エネ」してしまっているかに気づいた衝撃的な研修でした！

- 自己認知とそこから生まれる行動変革がありました。特に、会話の中で、自身の思い込みや経験による判断の誤りなど、顕著に出てきたこともあり、とても面白いと感じました。自身のコミュニケーションアクションを早速普段の会話などで取り入れてい

ます。メンバーとの1on1でも実行することで、非常に価値ある体験ができると感じています。※5

これらのコメントからもわかるように、特にコミュニケーションの面で貴重な気づきを得られる方が多いようです。

そして対話型鑑賞の体験を楽しみ、おもしろがり、自ら学びを得られているビジネスパーソンがたくさんいることに、私はとてもワクワクしています。

笑顔で、仕事をおもしろがり、学び続ける大人が増えていくこと。そんな大人の声や姿を子どもたちが見聞きすることが、彼らの将来への希望や自信につながっていくのだと思います。

大人が元気をなくしていたら、子どもたちはもっと辛くなります。働くことは楽しいことばかりではないでしょう。しかし、日々変化していく世界を他者とともにみつめながら、人間らしく生きていくことは、何ものにも代えがたい歓びではないかと私は思うのです。

働いて、笑い、学び続ける大人がどんどん増えていってほしいと願っています。

経済界も動き始めている

二〇一八年秋、大阪では関西経済同友会の呼びかけで「芸術や文化はグローバル化や価値の多様化が進む中、人々の心のよりどころや創造性を育む」として、大阪・関西の企業が所有する普段は非公開の絵画作品を集めた「なにわの企業が集めた絵画の物語」という展覧会が開催されました。

この展覧会では、これからの世界を生きる子どもたちを対象に、芸術の素晴らしさを伝え、自分の視点でみて考えることを促すことを目的として、対話型鑑賞プログラムが取り入れられました。会期中、地元大阪の学校を中心に小学生が招待され、京都造形芸術大学アート・コミュニケーション研究センターと京都造形芸術大学アートプロデュース学科が監修したプログラムが実施されています。経済同友会という、いわば従来型の大企業が多くを占める経済団体がこのような取り組みを行ったということに、教育や学びに関する潮流の変化がいよいよ本格化してきたことを感じています。

プログラムを紹介した同年八月二十一日付の朝日新聞の記事にはこう書かれています。

「対話型鑑賞によって養われる力は、子どもだけでなく社会人にも求められるものだろう。私たちが受けてきた教育は、用意された答えを見つける作業だった。でも対話型にあらかじめ用意された答えはない。これからの時代に求められるのは、社会の課題がどこにあるかをみつける力だろう。問題をみつけなければ先に進めない」※6

経済界のこれからの動きが楽しみです。

「めかくしアートツアー（ブラインド・トーク）」

対話型鑑賞そのものではありませんが、「みる」ことの意義や、さらに自分のみたことを言葉にして他者と共有することの意義について考えるワークショップも各地で開催されています。

二〇一八年五月の日曜日、香川県の丸亀市猪熊弦一郎現代美術館を訪れたときのことです。同館のコレクション作品の前で、二人の子どもたちが楽しそうにおしゃべりしていました。みると、片方が目隠しし、もう片方の子どもが目の前の作品について話して聞かせているようでした。その様子があまりに楽しそうだったので、そばにいた担当スタッフの方に伺ったところ、「めかくしアートツアー」という鑑賞プログラムでした。

このプログラムでは、展示室の中で子どもたちが好きな作品を一つ決めます。そして二人一組でペアを作り、一人が目隠しをして、もう一人は作品について言葉で説明をします。みえていない人に、その作品をイメージしやすいよう、みえているものを言語化して伝えるという作業は、やってみるとなかなか難しく、楽しくもあります。

愛媛県美術館でも時々、対話型鑑賞の前のウォームアッププログラムとして、同様のワークショップを子どもたちと実施することがあります。子どもたちの様子をみていると、最初は一方通行だった「説明」が、回数を重ねるごとに、目隠しをした子から「色はどうなってるの?」といった質問が出るなど、双方向の「話し合い」に変化していきます。そしてお互いに「聴き合い、確認し合う」ことで、より実際の作品像に近づいていけることに気づいていきます。どんな作品かを目隠しした子が想像できたら、目隠しを外して一緒に作品をみます。

「ひゃあ! 思ってたのと違う!」

私がみていた猪熊弦一郎現代美術館の二人の子どもたちからは、嬉しさの混じった驚きの声が上がっていました。

目隠しを外した後は、相手にうまく伝える・伝わるためのコツを参加者全員でふりかえっていきます。このふりかえりの中でも多くの気づきや学びがあります。

このようなブラインド・トーク[※7]は、中学生の鑑賞の授業や、大人を対象とした鑑賞プログラムでも用いられています。アート鑑賞と対話を通じて学ぶという取り組みは、さまざまな形で広がっているのです。

対話型鑑賞とまちづくり――広がる可能性

私の勤める愛媛県美術館では、二十代~七十代の、主婦や定年退職者、自営業者に会社員、そして教員に警察官と多様なバックグラウンドを持った人々が対話型鑑賞ガイド・ボランティアになって活躍しています。館内でのトレーニングを経てナビゲーターとして活動するボランティアのみなさんの「学び」に対する熱意はすばらしいものです。一鑑賞者としての学びだけでなく、ナビゲーターとしての学び――日々、作品や他者（鑑賞者や作家や所蔵者、そしてボランティア仲間）とつながり、積み重ねられていく学びが、その意欲を後押ししているのでしょう。

そして近年、対話型鑑賞ガイドボランティアの活動をアート・プロジェクトに応用・進化させた取り組みが始まっています。それが「六本木アートナイトをもっと楽しむガイドツアー」です。

同ツアーは、東京・六本木を舞台とした一夜限りのアート・プロジェクト「六本木アートナイト」で行われている、対話型鑑賞の考え方を取り入れた公式ツアーです。二〇一五年度から毎年、一般公募によるガイドボランティアや地元六本木にゆかりのある人々を巻き込んで行われています。

これまで美術館や博物館での対話型鑑賞は、アート作品を中心に行われてきました。しかしこのガイドツアーは、アート作品を入口としながらも、それらが置かれた「地域」――六本木という街をも学びの対象にしています。ガイド・ボランティアと参加者の方々が一緒になって対話を楽しみながら、目の前にある六本木という「地域」について改めて考える「場」を提供しているのです。[※7]

ガイドツアーのボランティアになる方々は、事前準備としてトレーニングを受けています。対話型鑑賞の手法を学ぶだけでなく、六本木商店街振興組合の方をはじめとする専門家から六本木の地理や歴史についてのレクチャー、実際に街を歩いてフィールドワークを行ったりしています。トレーニングを受けてボランティアはチームごとに趣向を凝らしたツアープランを作成します。六本木は最新のオフィスビルや美術館、ブランドショップが立ち並ぶ一方で、小さい路地や神社や公園といった日常空間もある地域。さまざまな顔をみせる街の魅力を伝えることがツアーのねらいとなります。

ツアーは大人気で、受付開始前から行列ができることもしばしば。若い人にとっては、美術館が集まるおしゃれな街。少し年上の人にとっては、バブルの香りただよう怪しげな街。参加者それぞれが持っていた六本木のイメージとは異なる側面がみえてくるのが好評のようです。

このガイドツアーの話を聞いたときふと思い出したのは、二〇一七年、愛媛県の佐田岬半島・伊方町にある町見郷土館と愛媛県美術館との協働で、「スダイ」という民具を使った対話型鑑賞プログラムを試みたときの出来事です。

参加者は地元・伊方町の方々。「スダイ」とは、縦三メートル、横六十センチ、高さ十センチくらいの梯子状の木枠のことです。この上に竹スノコを敷き、イワシやサツマイモの輪切りを干します。昭和四十年代くらいまで佐田岬半島の各地域でよくみかけたそうです。この民具を用いて、参加者とナビゲーター役の私と町見郷土館の学芸員とで対話を行っていきました。すると不思議なことが起こり始めました。参加者のみなさんから、口々に「スダイ」についての素朴な疑問や、それを家族とともに用いたなつかしい記憶、経験、詳しい使い方などが、堰をきったように語られ始めたのです。

その場では「スダイ」を初めて目にする世代も、よく知る世代も、誰もが「スダイ」を探求するための大事な学び手でした。そして、誰かの気づきがお互いの学びにつながっていくたび、みんなの表情がどんどん活き活きしたものに変化していったのです。

対話型鑑賞（授業）では、だれもが対等な立場で、フラットな関係の中で学び合います。この特性を活かせれば、世代の差や立場の違いを超えて、さまざまな課題について、ともに対話することが可能になるのではないでしょうか。それは地域づくりのように多様な利害関係者がいる問題への取り組みにも活かせるかもしれません。立場の違いが邪魔をして十分な取り組みがなされてこなかった社会の課題や、異なる意見の人たちが対立してきたような問題にも、フラットな関係での対話は状況打開の手掛かりになるかもしれません。

六本木のガイドツアーの例や、伊方町での経験から私は今、対話型鑑賞のアプローチを地域づくりに——未来の社会づくりに役立てていくことに大きな可能性を感じています。

NOTE

※1　春日美由紀「高校野球部と対話型鑑賞!?～みる・考える・話す・聴く～」『第35回日本実践美術教育学会誌』三〇―三五頁、二〇一八年

※2　これは京都造形芸術大学アート・コミュニケーション研究センターが開発した「ブラインド・トーク」というワークショップ。

※3　福のり子「現代の言葉」京都新聞、二〇〇九年一〇月一三日

※4　福のり子「巻頭言」『2012年度アート・コミュニケーションプロジェクト報告書』八頁、京都造形芸術大学、二〇一三年

※5　http://www.acop.jp/archives/q=3179　岡崎大輔「パーソルグループ@（アット）：対話型鑑賞ゼミ」下期レポート」二〇一七年度

※6　多賀谷克彦「波聞風問」朝日新聞朝刊、二〇一八年八月二一日

※7　平野智紀・会田大也「大都市型アートプロジェクトへの〝地域〟の導入について～六本木アートナイト2015ガイドボランティア養成の実践～」『美術教育学：美術科教育学会誌（37）』三七五―三八六頁、二〇一六年

おわりに——新たなディスカバリー号に乗って

「ディスカバリー（発見）」という言葉を聴くと、みなさんは何をイメージされるでしょうか？　比較的最近の話では、日本人宇宙飛行士が何人も搭乗したアメリカのスペースシャトル、ディスカバリー号。古くは二十世紀初め、当時未踏の地であった南極探検に貢献したイギリスの遠征船ディスカバリー号というのもあります。

しかし私個人としては、滋賀県立琵琶湖博物館内にある「ディスカバリールーム」という展示室で、いつも子どもと大人が一緒になって話し合いながら学んでいる賑やかな光景を思い出します。

この三つの「ディスカバリー」に共通しているのは、未だわからないことに向かって、知的好奇心を働かせ、一緒に乗っているクルーや関わる大勢の他者とともに挑み、新しい何かを見出していくという姿です。

「ディスカバー（発見する）」とは、すなわち覆い（カバー）を外すことです。しかし、自分ひとりの力では、「思い込み」が邪魔をして、私たちの目に覆いかぶさったカバーはなかなか外すことができません。そんなとき、傍らにいる他者――子どもたち、友達、同僚、家族などさまざまな人々――と対話できれば、彼らがその覆いを外すのを助けてくれます。そしてあなた自身もまた誰かのカバーを外す一人になるのです。

私たちはみんな、新たなディスカバリー号に乗っているのかもしれません。この「学びの旅」の先行きは不透明です。どこに帰着するのかもわかりません。誰も経験したことのないことなので、正解が何なのかは誰にもわかりません。それでも、そんな状況を放り出さず、お互いに学び合い、考え続けることは、きっと何かの「発見」につながっていく。そこからまた次の新しい何かに続いていく。そう私は信じています。

対話型授業（鑑賞）が、みなさんそれぞれの学びの旅に役立つことを願っています。

お礼の言葉

本書の執筆にあたり、二〇一五年度から二〇一八年度の四年間、必然も偶然も合わせて、えひめ「対話型授業」プロジェクトに関わっていただいた、たくさんのみなさんには本当に感謝の言葉以外、見当たりません。

時に叱咤激励の嵐を、しかし私たち自身が自らの頭で考え行動することをじっと見守ってくださった京都造形芸術大学の福のり子教授、伊達隆洋准教授、同大学アート・コミュニケーション研究センターの岡崎大輔研究員、北野諒研究員、青山真樹研究員。三重県総合博物館の大野照文館長、ハンズ・オンプランニングの染川香澄氏。ミュージアムの中しか知らない私に、何千回、何万回と対話型授業（鑑賞）の学校教育での展開について示唆いただいた、対話型鑑賞先進県である、島根県出雲市立浜山中学校教頭の春日美由紀先生。そして、小学校での他教科での取組みを紹介していただいた島根県教育委員会指導主事の金谷直美先生。同じく愛媛の取組みを応援していただいた島根県吉賀町立柿木中学校教頭の房野伸枝先生、もと数寄和・大津の麻田有代さん。ミュージアム・エデュケーターの先輩として、そして対話型鑑賞のメンターとして、さまざまなアドバイスをいただいたベルナール・ビュフェ美術館（もと林原自然科学博物館）のエデュケーター、井島真知氏、ヴァンジ彫刻庭園美術館の渡川智子学芸員。対話型授業（鑑賞）の肝である「どこからそう思う?」の問いの効果について、研究計画を立て、今後に繋がる検証をしていただいた、内田洋行教育総合研究所・東京大学大学院の平野智紀主任研究員、そして対話型授業のテープ起こしを引き受けていただいた周山祐未氏。六本木アートナイトガイドツアーの活動について、興味深いお話をしていただいた東孝彦氏。全国を舞台に、教育や学校に関して、誠実な取材活動をされ、本書を発行することとなった英治出版をご紹介いただいたフリージャーナリストの前屋毅氏。原稿作成に際し、「本」にすることはどういうことか、毎回、厳しくも温かい言葉をいただいた英治出版の高野達成編集長。

プロジェクトにおいて、対話型鑑賞への理解と、他教科・他分野への転用について、繰り返し授業研究を行い、対話型授業の創造に力を注いでいただいた、愛媛県総合科学博物館学芸員の進悦子学芸員、山根勝枝学芸員、西条市立神戸小学校の宮崎雅延先生、西条市立周布小学校の今井孝輝先生、愛媛県教育員会文化材保護課学芸員の松井寿学芸員、松山市立桑原小学校の西川章子先生、松前町立松前小学校の宮内恵里子先生、松前町立北伊予小学校の巻田豊子先生、西予市立多田小学校の別處正和先生、西予市立宇和中学校の是澤充広先生、伊方町立三崎中学校の白井未来先生、宇和島市立明倫小学校の三好研太先生、愛南町立一本松中学校・高知県宿毛市愛媛県南宇和郡愛南町篠山小中学校組合立篠山中学校の奥田剛先生。対話型鑑賞の授業への導入と「どこからそう思う？・どうしてそう思う？」の比較検証調査実施にご協力いただいた愛媛大学教育学部附属小学校の藤野由起子先生。

全校をあげて対話型鑑賞に取り組む決断を行い、愛媛県美術館に声をかけていただいた、もと松前町立北伊予小学校校長（現・松山市立石井東小学校校長）の田中ひとみ先生、その後を引き継ぎ、研究モデル校として協力、三年間温かく迎え入れていただいた松前町立北伊予小学校校長の正岡成教先生、そして研修主任の田中優月先生を始めとする北伊予小学校に関わる全ての先生方。同じく、北伊予小学校への出前授業に協力いただいた愛媛県美術館作品ガイドボランティアの岡本康博氏、上甲康子氏、佐伯由美子氏、大黒真子氏、遠富英子氏、もと作品ガイドボランティアの門田美幸氏。そして本プロジェクトの原点である十回連続の対話型鑑賞の共同研究に快く協力していただいた、もと郡中小学校校長の宮内忠彦先生、伊予市立北山崎小学校の吉崎文子先生。プロジェクトの実施について、愛媛県教育委員会内における調整に尽力いただいた、もと愛媛県美術館学芸課長（現・松山市立湯山小学校校長）の稲田哲也先生ならびに愛媛県教育委員会義務教育課指導主事の村上達哉先生。そして本プロジェクトの計画・実施・継続について四年間ずっと温かい励ましをいただいた、玉井日出夫愛媛県美術館名誉館長。八木誠一愛媛県美術館学芸課長、二宮茂樹普及グループ係長、檜垣正教育専門員、膨大な経理業務を一手に引き受けていただいた阿達宗致氏。プロジェクト実施に際し、日々、相談にのり、支えてくれた普及グループ同僚の田代亜矢子学芸員。学芸課、総務課の同僚のみなさん、愛媛県美術館作品ガイドボランティアのみなさんに、プロジェクトをがんばるようにと支えてくれた両親。

そして最後に、私が学芸員になりたての頃、「教育ではなくて、Educationが大事だよ（教えるのではなく、引き出すことが肝心という意味）」という言葉を贈ってくれた、もと中学校数学教師で、今は亡き、明治生まれの私の祖父、岡下和雄に心からの感謝の言葉を捧げます。

二〇一九年三月

鈴木　有紀

［著者］

鈴木 有紀
Yuki Suzuki

愛媛県美術館学芸員。1969年、愛媛県生まれ。県内の自然・科学系博物館、歴史系博物館の勤務を経て、2001年より現職。美術館の教育普及を担当し、館内外で「対話型鑑賞」の普及に努める。2013年からは県内の小中学校等と連携して教育現場への導入に取り組んでいる。2015年度から4年間、文化庁の補助事業の一環として愛媛県美術館が県内博物館や小中学校、外部専門家とともに実施した「えひめ「対話型授業」プロジェクト」では、美術にとどまらず幅広い教科での活用・応用を推進。対話型鑑賞のさらなる促進に努めている。

[英治出版からのお知らせ]

本書に関するご意見・ご感想を E-mail（editor@eijipress.co.jp）で受け付けています。
また、英治出版ではメールマガジン、Web メディア、SNS で新刊情報や書籍に関する記事、イベント情報などを配信しております。ぜひ一度、アクセスしてみてください。

メールマガジン：会員登録はホームページにて
Web メディア「英治出版オンライン」：eijionline.com
X / Facebook / Instagram：eijipress

教えない授業　美術館発、「正解のない問い」に挑む力の育て方

発行日	2019 年 4 月 20 日　第 1 版　第 1 刷 2025 年 1 月 28 日　第 1 版　第 5 刷
著者	鈴木有紀（すずき・ゆき）
発行人	高野達成
発行	英治出版株式会社 〒150-0022 東京都渋谷区恵比寿南 1-9-12 ピトレスクビル 4F 電話　03-5773-0193　　FAX　03-5773-0194 www.eijipress.co.jp
プロデューサー	高野達成
スタッフ	原田英治　藤竹賢一郎　山下智也　鈴木美穂　下田理 田中三枝　平野貴裕　上村悠也　桑江リリー　石﨑優木 渡邉吏佐子　中西さおり　齋藤さくら　荒金真美　廣畑達也 太田英里　清水希来々
執筆協力	愛媛県美術館・博物館・小中学校共働人材育成事業実行委員会
イラスト	川合翔子
校正	小林伸子
装丁	英治出版デザイン室
印刷・製本	中央精版印刷株式会社

ISBN978-4-86276-265-8　C0030　Printed in Japan